Vers...   ...ngen

Jos van den Broek

Verschwiegene Not:
Sexueller Mißbrauch an Jungen

*Aus dem Niederländischen
übertragen von Rolf Erdorf*

K R E U Z

Alle in diesem Buch enthaltenen Angaben, Daten, Ergebnisse etc.
wurden vom Autor nach bestem Wissen erstellt und von ihm mit
größtmöglicher Sorgfalt überprüft. Gleichwohl sind inhaltliche Fehler nicht vollständig auszuschließen. Daher erfolgen die Angaben etc.
ohne jegliche Verpflichtung oder Garantie des Verlags oder des
Autors. Beide schließen deshalb jegliche Verantwortung und Haf-
tung für etwaige inhaltliche Unrichtigkeiten aus, es sei denn im Falle grober Fahrlässigkeit.

Die Originalausgabe erschien 1991 bei Ambo/Baarn
unter dem Titel »Er zijn geen namen voor.
Jongens als slachtoffer van seksueel misbruik«

2 3 4 5   97 96 95 94 93

© Kreuz Verlag AG Zürich 1993
»Er zijn geen namen voor.
Jongens als slachtoffer van seksueel misbruik«
© 1991 by Jos van den Broek
Umschlaggestaltung: Jürgen Reichert, Stuttgart
Autorenfoto: Karel Vaszlovszky
Satz: ES Typo-Graphic, Stuttgart
Druck und Bindung: Ebner Ulm
ISBN 3 268 00141 6

Inhalt

Zum Geleit

In den letzten fünfzehn Jahren ist zunehmend deutlich geworden, daß Vergewaltigung, Notzucht und sexueller Mißbrauch von Mädchen und Frauen in großem Maßstab vorkommen. Die oft ernsten Folgen solcher Erfahrungen können jahrelang, ja sogar lebenslänglich fortdauern.

Um einen Beitrag zur Bekämpfung sexueller Gewalt zu leisten, setzt die niederländische Stiftung »Männer gegen sexuelle Gewalt« (*Stichting Mannen Tegen Seksueel Geweld*) sich seit 1983 für eine Mentalitäts- und Verhaltensänderung bei Männern und Jungen ein. Denn die sexuelle Gewalt, deren Opfer Frauen und Mädchen werden, wird hauptsächlich von Männern und Jungen verübt.

Seit einigen Jahren jedoch stellt sich heraus, daß auch Jungen zu Opfern sexuellen Mißbrauchs durch Verwandte, Bekannte oder Unbekannte werden. Bezüglich der Häufigkeit dessen und der Folgen für die Jungen gibt es noch kaum Untersuchungen. Sexueller Mißbrauch an Mädchen und Frauen hat einerseits große Entrüstung hervorgerufen, die Häufigkeit, in der er stattfindet, jedoch häufig auch Unglauben. Dem sexuellen Mißbrauch an Jungen dagegen wird bisher überhaupt kaum Aufmerksamkeit gewidmet. Das ist eine Mißachtung derjenigen Jungen und Männer, die in ihrem Leben derart mißbraucht worden sind.

Um die Folgen für sexuell mißbrauchte Jungen und Männer sichtbar zu machen und das Tabu und die Fehleinschätzungen bezüglich dieses Mißbrauchs zu durchbrechen, hat die Stiftung »Männer gegen sexuelle Gewalt« sich am Zustandekommen dieses Buches beteiligt.

Wir hoffen, daß Männer und Jungen, die sexuell mißbraucht wurden, sich durch dieses Buch in der Bewältigung ihrer Erfahrungen unterstützt sehen. Zugleich hoffen wir, daß es – im Interesse der Bekämpfung sexueller Gewalt – zur Vergrößerung des professionellen Hilfsangebots und zu weiteren Forschungsprojekten anregen wird.

EELCO DAMEN
Vorsitzender der Stiftung
»Männer gegen sexuelle Gewalt«

Vorwort

Aufgrund meiner Tätigkeit als Sozialarbeiter und Erzieher und aufgrund meines eigenen Mann-Seins gehört Jungen meine besondere Aufmerksamkeit. Dieses Interesse betrifft hauptsächlich die Art und Weise, in der Jungen versuchen, vor dem Hintergrund der von der Gesellschaft diesbezüglich gestellten Forderungen ihrem Mann-Sein Form zu verleihen. Die jeweilige Bedeutung von Schule, Arbeit, Beziehungen, Freundschaft, Intimität, Sexualität, Aggression und Gewalt steht dabei im Mittelpunkt. Professionelle Helfer bekommen immer stärker mit Jungen zu tun, die irgendwie in ihrer Entwicklung vom Jungen zum Mann steckenbleiben. Viele dieser Jungen scheinen einen Ausweg in aggressivem und gewalttätigem Auftreten gegenüber anderen zu suchen.

Aufgrund dessen habe ich mich anfänglich stark auf sexuell gewalttätiges Verhalten von Jungen gegenüber Mädchen konzentriert. Mir ist dabei immer klarer geworden, daß sexuell gewalttätiges Verhalten von Jungen häufig mit eigenen negativen Lebenserfahrungen zu tun hat sowie mit verkrampften Versuchen, sich als Junge zu beweisen. Dieses Sich-Beweisen wird »genährt« durch das Bild, das die Gesellschaft von Männern »aufstellt«, nämlich das Bild des selbstsicheren, unabhängigen Mannes, der imstande ist, seine Probleme selbst zu lösen; der mutig ist, Gewalt ertragen kann und seine Gefühle zu beherrschen weiß.

Trotzdem sah ich Jungen und Männer weiterhin als Ausübende sexueller Gewalt und Mädchen und Frauen als Opfer. Bis eine Begegnung mit einem Mann, der in seiner Jugend sexuell mißbraucht worden war, dieses traditionelle Denkmuster durchbrach. Es war für mich der

Anlaß, zu versuchen, mehr über Jungen als Opfer sexuellen Mißbrauchs in Erfahrung zu bringen. Was mir sofort auffiel, war, daß darüber in den Niederlanden noch kaum Daten zur Verfügung standen.

In Zusammenarbeit mit dem Vorstand der Stiftung »Männer gegen sexuelle Gewalt« ist dann der Plan gefaßt worden, eine Publikation herauszubringen mit Erfahrungen von Männern, die in ihrer Jugend sexuell mißbraucht worden sind. Mittels des Studiums von Forschungs- und Praxisberichten aus den Vereinigten Staaten und durch Gespräche mit einer Reihe niederländischer Therapeuten vertiefte ich mich immer mehr in das Thema »Sexueller Mißbrauch an Jungen«. Mein Besuch der Konferenz »The Male Survivor« in Atlanta/USA im Jahr 1989, im Auftrag des Projekts »Werken met jongens« (»Arbeiten mit Jungen«, d. Ü.) der Algemene Hogeschool Amsterdam war ein wichtiges Stimulans zum Schreiben dieses Buches.

Das Buch ist eine erste Orientierung in bezug auf sexuellen Mißbrauch an Jungen. Es ist kein tiefgründiges wissenschaftliches oder theoretisches Werk. Die Erfahrungsberichte der ehemaligen Opfer sind als Identifizierungsmöglichkeit und zur Unterstützung für diejenigen Jungen und Männer gedacht, die noch nicht darüber zu sprechen wagen. Daneben sind, soweit wie möglich, die bisher bekannten Daten zu sexuellem Mißbrauch an Jungen zusammenfassend wiedergegeben. Systematische Forschung hinsichtlich dieser Problematik ist dringend notwendig, und so sollte man auch die Schlußfolgerungen in diesem Buch lesen. Für den interessierten Leser ist eine ausführliche Literaturliste angefügt.

Dieses Buch konnte zustande kommen, weil einige männliche Opfer bereit waren, mir ihre Erfahrungen zu erzählen, und mir dann ihr Einverständnis zur Veröffentlichung gaben. Ihnen danke ich für das Vertrauen, das sie mir entgegenbrachten.

JOS VAN DEN BROEK

Einleitung

Sexueller Mißbrauch an Kindern existiert. Es hat lange gedauert, bis diese Tatsache klar geworden und auch als solche akzeptiert worden ist. Zudem hat es lange gebraucht, bis man herausfand, wie häufig Kinder sexuell mißbraucht werden, wie ernst die Folgen sind und vor allem, daß der Mißbrauch in so großem Maßstab vorkommt, daß er einen festen Bestandteil unserer Gesellschaft zu bilden scheint. Es sind insbesondere die Frauenbewegung und die Frauenhilfsorganisationen, die aufgezeigt haben, wie verbreitet sexueller Mißbrauch ist und welch schmerzliche Folgen er für die persönliche Entwicklung der Opfer hat. Sexueller Mißbrauch kommt viel häufiger vor, als man zu glauben geneigt war und als viele noch immer glauben wollen.

Die professionellen Hilfseinrichtungen haben jahrelang sexuellen Mißbrauch an Kindern geleugnet und bagatellisiert, schenken diesem Tatbestand inzwischen aber Beachtung. Es hat sich herausgestellt, daß viele Klienten Probleme hatten, die auf frühere Erfahrungen mit sexuellem Mißbrauch zurückzuführen waren. Die Publizität in den Medien hat dazu beigetragen, daß die Zahl der Meldungen sexuellen Mißbrauchs in den letzten Jahren angestiegen ist. Daraus läßt sich nicht ohne weiteres ableiten, daß der sexuelle Mißbrauch selbst zunimmt, wohl aber, daß es eine wachsende Bereitschaft gibt, darüber zu sprechen.

Bisher geht man davon aus, daß die Opfer sexuellen Mißbrauchs nahezu ausschließlich Frauen sind. Männer seien die Täter und Frauen die Opfer, so das verbreitete Bild. Doch dieses Bild bedarf einer Korrektur. Frauen sind ebenfalls Täter, und Jungen und Männer sind gleichermaßen Opfer sexuellen Mißbrauchs.

Die herkömmliche Vorstellung von sexuellem Mißbrauch berücksichtigt nur ungenügend, daß auch Jungen Opfer sein können. Daß darüber so wenig gesprochen wird, erweckt zugleich den Eindruck, als ob es auch kaum vorkäme und als ob die Risiken für Jungen, zum Opfer zu werden, minimal seien. Leider liegt das weit abseits der Wahrheit. Sexueller Mißbrauch an Jungen kommt vor, viel häufiger, als man anzunehmen geneigt ist. Und auch bei Jungen hat das negative Folgen für deren persönliche Entwicklung. Es wird darum Zeit, einzugestehen, daß Jungen gleichermaßen Opfer sexuellen Mißbrauchs sind wie Frauen und Mädchen.

Das Leugnen sexuellen Mißbrauchs an Jungen und, was damit oft einhergeht, das Minimalisieren der Folgen hat außerdem stark mit den im Hinblick auf Jungen und Männer in der Gesellschaft bestehenden Vorstellungen und Erwartungen zu tun, etwa: Jungen ergriffen beim Sex immer die Initiative, sie ließen nichts mit sich geschehen, was sie nicht wollten, sie wüßten sich selbst zu schützen, Jungen seien nicht die Opfer; Opfer zu sein sei unmännlich. Diese irrealen Anforderungen, die an Jungen gestellt werden, haben zur Folge, daß diese nur unter großen Schwierigkeiten mit ihren Erfahrungen des Mißbrauchtseins an den Tag treten können. Das macht es für sie um so schwerer, von den negativen Folgen des Mißbrauchs zu gesunden.

Im niederländischen Sprachgebiet ist noch wenig zu sexuellem Mißbrauch an Jungen publiziert worden. Deshalb haben wir uns für ein Buch entschieden, das außer faktischer Information über die Existenz dieses Mißbrauchs auch Berichte von Männern enthält, die als Jungen sexuell mißbraucht wurden. Diese Berichte vermitteln dem Leser überdies Einsichten sowohl bezüglich der Erfahrungen der Opfer als auch der Folgen, die sexuelles Mißbrauchtsein für Jungen mit sich bringt.

Der Aufbau des Buches ist wie folgt:

– In *Kapitel 1* wird auf die Frage eingegangen, weshalb so wenig über sexuellen Mißbrauch an Jungen bekannt ist und welche Erklärungen dafür gegeben werden können.

– In *Kapitel 2* sind die bisher bekannten Daten über Umfang und Merkmale sexuellen Mißbrauchs von Jungen sowie bezüglich der Täter zusammengetragen.

– *Kapitel 3* handelt von den Folgen sexuellen Mißbrauchs im allgemeinen und von den spezifischen Folgen für Jungen.

– In *Kapitel 4* kommen sechs in ihrer Jugend mißbrauchte Männer zu Wort.

– *Kapitel 5* geht auf die Arten ein, in denen Jungen sexuellen Mißbrauch zu überleben versuchen.

– *Kapitel 6* enthält einige Hinweise, die für professionelle Helfer von Wichtigkeit sind.

– *Kapitel 7* ist das Schlußwort.

1. Weshalb ist so wenig über den sexuellen Mißbrauch an Jungen bekannt?

Weshalb hören wir so wenig über sexuellen Mißbrauch an Jungen? Wieso treten so wenig männliche Opfer an die Öffentlichkeit? Dafür gibt es eine Reihe möglicher Erklärungen. Wir nennen zunächst eine, die für Opfer sexuellen Mißbrauchs im allgemeinen gilt, also auch für Jungen. Danach folgen einige, die speziell für Jungen gelten.

Bei sexuellem Mißbrauch liegt immer ein ungleiches Machtverhältnis zwischen Täter und Opfer vor. Sexueller Mißbrauch beruht auf Zwang. Bei sexuellem Mißbrauch an Kindern gründet sich die Machtungleichheit auf den Altersunterschied; dies kommt in einer unterschiedlichen Mündigkeit und physischen sowie psychologischen Macht zum Ausdruck. Das Opfer verfügt in viel geringerem Maß über diese Machtmittel und kann dadurch Situationen sexuellen Mißbrauchs schwerlich kontrollieren oder beeinflussen.

Opfer haben oft keine Widerstandsfähigkeit gegen das grenzüberschreitende Verhalten des Täters, vor allem, wenn es um Situationen geht, in denen der sexuelle Kontakt seitens des Täters auf sehr verhüllte Weise zustande gebracht wird. Bevor das Kind so recht begreift, was geschieht, ist es in eine Situation verstrickt, in der es sexuell mißbraucht wird. Das Kind wird vom Täter mitschuldig gemacht an dem Mißbrauch. Dieses Gefühl, überrumpelt worden zu sein und selbst eine aktive Rolle gespielt zu haben, hat zur Folge, daß das Kind in Verwirrung gerät und Angst vor noch größeren Schwierigkeiten bekommt.

Es gerät in »Loyalitätskonflikte« gegenüber dem Täter und der Familie oder einer anderen Form des Zusammenlebens, aus dem es kommt. Wie lange der Mißbrauch fortdauert und wie oft er geschieht, hat großen Einfluß auf diese Loyalitätsprobleme. Für das Kind ist eine der Überlebensstrategien, den Mißbrauch zu leugnen oder zu minimalisieren. Das Kind schämt sich, die Verwirrung wird beiseite geschoben. Es verlegt sich aufs Schweigen.

Opfer werden also nicht so leicht von sich reden, vor allem auch, weil sie häufig Angst haben, daß man ihnen nicht glaubt. Man hört ansonsten nie von Jungen als Opfern sexuellen Mißbrauchs, also ist es nicht verwunderlich, daß ein männliches Opfer glaubt, es sei das einzige. Der Mißbrauchte kommt nicht dazu, sich selbst als Opfer zu benennen, er glaubt, sexueller Mißbrauch an Jungen existiere ansonsten nicht. Für ihn ist kein Wiedererkennen, keine Identifikation mit anderen Opfern möglich. Er fühlt sich isoliert, er ist ein Außenseiter.

Ein noch viel wichtigerer, vielleicht sogar der wichtigste Grund weshalb Jungen nicht darüber reden, ist die Art, in der Jungen in dieser Gesellschaft großgezogen werden; ihre Sozialisation also. Zwischen den beiden Geschlechtern existiert eine ungleiche Machtverteilung. Männer haben mehr zu sagen als Frauen. Es gibt auch unterschiedliche Normen und Codes für Männer und Frauen, welche angeben, wie sie sich zu verhalten und wie sie zu denken haben. Jene Normen und Codes tragen zum Fortbestehen dieser ungleichen Machtverteilung bei.

Aufgrund dieser Codes und Normen wird von Männern erwartet, daß sie stark sind und sich selbst schützen können. Sie können für sich selbst geradestehen und wissen bei Schwierigkeiten den Kopf über Wasser zu halten, sie bitten nicht schnell um Hilfe. Männer ergreifen die Initiative und erbringen Leistungen. Angst und Gefühle der Unsicherheit werden in den Hintergrund gedrängt und nicht geäußert. Männer behalten Emotionen in der Hand.

Sie fürchten sich nicht vor ein bißchen Gewalt, und Verletzbarkeit zeigen sie nicht.

Vor diesem Hintergrund erscheint es für Jungen schwer, wenn nicht gar unmöglich, die Unsicherheit und die Verwirrung zu zeigen, die sich aus dem sexuellen Mißbrauch ergeben. Für einen Jungen als Opfer besteht die – gerechtfertigte – Angst, als »Schlappschwanz« ausgemacht zu werden. Was die Gesellschaft und die eigene Umgebung als männlich betrachten, geht nicht mit Opfer-Sein zusammen.

In den letzten Jahren finden einige Verschiebungen statt, und zwar sowohl in der gesellschaftlichen Arbeitsverteilung zwischen Männern und Frauen als auch in dem, was als männlich und was als weiblich gilt. Es scheint eine wachsende Zahl von Männern zu geben, die nicht mehr geneigt sind, den stereotypen Erwartungen zu entsprechen. Doch die Veränderungen vollziehen sich langsam, und die Mehrzahl der Jungen und Mädchen findet für die eigene Entwicklung zum großen Teil noch immer Halt bei den bekannten Stereotypen. Für Jungen scheint das noch stärker zu gelten als für Mädchen. Den bekannten Männlichkeitsnormen zu genügen ist für sehr viele Jungen noch immer enorm wichtig.

Sexualität spielt bei Jungen und Männern eine wichtige Rolle in der Bildung und Aufrechterhaltung der männlichen Identität. Die dabei gehandhabten Normen nehmen bisweilen die Form von Mythen an. Zilbergeld (1978) nennt einige von ihnen:

1. Männer haben immer und überall Lust auf Liebe und Geschlechtsverkehr. Guter Sex besteht aus zunehmender Erregung, die nur in einem Samenerguß enden kann. Sex ist dasselbe wie Geschlechtsverkehr.
2. Jede körperliche Berührung muß in Sex enden.
3. Eine Erektion zu haben bedeutet Lust zu haben auf Sex.
4. Männer ergreifen in der Liebe immer die Initiative und

übernehmen die Führung. Männer haben in der Liebe und beim Geschlechtsverkehr gute Leistungen zu erbringen.

5. Von Männern wird erwartet, daß sie alles über Sexualität wissen.

Diese Mythen über männliche Sexualität werden auf alle möglichen Arten in Büchern, Filmen und Pornographie bestätigt. Frauen werden darin als herausfordernd und sexy dargestellt, Männer zu fortdauernder Erregung stimuliert.

So entsteht das Bild, daß Männer auf jede Möglichkeit zum Sex gerne eingehen werden. Das Abweisen einer solchen Möglichkeit kann Fragen hinsichtlich ihrer Männlichkeit hervorrufen. Jungen gelten etwas, wenn sie viel »Erfahrung« mit Frauen haben. Für Jungen gilt als selbstverständlich, daß sie mit Sexualität experimentieren; Mädchen müssen da zurückhaltender sein.

Jungen, die von einer Frau mißbraucht wurden, haben aus dieser Sicht »Glück« gehabt; sie sind früh zum Zug gekommen. Außerdem werden sie es wohl auch selbst gewollt haben: So eine Gelegenheit kann man sich doch nicht entgehen lassen? Wenn ein Junge zeigt, daß er diese Form von Sex, den Mißbrauch, überhaupt nicht als angenehm empfunden hat, kann damit seine Männlichkeit zur Diskussion gestellt werden.

Zu den obengenannten Mythen gehört auch, daß Sexualität selbstredend Heterosexualität zu sein hat. Jungen, die öffentlich und aktiv ihren Gefühlen für andere Jungen Ausdruck verleihen, werden nicht als »richtige« Männer angesehen. Negative Meinungen und Gefühle gegenüber Jungen und Männern, die eine intime Beziehung mit jemandem des gleichen Geschlechts unterhalten, sind in unserer Gesellschaft noch immer die Regel. Das nennt man Homophobie. Dadurch haben Jungen Schwierigkeiten, ihre Intimität mit anderen Jungen in

18

Worte zu fassen und zu äußern. Das wird nämlich als unmännlich aufgefaßt.

Jungen, die von einem Mann mißbraucht worden sind,
haben oft Schuldgefühle hinsichtlich ihres eigenen An-
teils daran; sie fragen sich, ob sie es nicht selbst darauf an-
gelegt haben. Sie sind auch in Verwirrung bezüglich ihrer
sexuellen Orientierung. Sie wissen gegebenenfalls nicht,
ob sie mißbraucht wurden, weil sie schwul sind, oder ob
sie schwul geworden sind, weil sie mißbraucht wurden.
Jungen wagen es nicht, über sexuellen Mißbrauch zu reden, aus Angst, als Mann unten durch zu sein und für homosexuell angesehen zu werden (Finkelhor, 1986). Es hat
sich herausgestellt, daß viele Eltern eines von einem
Mann mißbrauchten Jungen nicht wollen, daß er darüber
spricht, weil sie selbst Angst haben vor Homosexualität.

Ein anderer Grund für die Schattenexistenz des sexuellen Mißbrauchs an Jungen ist, daß das professionelle
Hilfsangebot noch nicht darauf eingestellt ist. Es herrscht
ein Mangel an Information, Wissen und Kundigkeit auf
diesem Gebiet. Noch häufig wird davon ausgegangen, daß
sexueller Mißbrauch im eigenen Klientenbestand nicht
vorkommt. Weiter haben viele professionelle Helfer –
insbesondere Männer – Schwierigkeiten, Sexualität, sexuelle Probleme, sexuelle Orientierung und sexuellen Mißbrauch zum Gesprächsthema zu machen. In einer solchen
Atmosphäre wird ein männliches Opfer nicht rasch mit
seinen Erfahrungen an den Tag treten. Professionelle Betreuer unterstellen zu oft, daß Jungen bereits alles über
Sexualität wüßten. Viele Jungen haben aber noch wenig
Einsicht in ihre eigene Sexualität und ihre Bedeutung, sowohl für sie selbst als für andere.

Opfer leugnen und minimalisieren oft ihre eigene traumatische Erfahrung oder drängen diese beiseite. Es ist
dann wichtig, daß der Betreuer zeigt, daß er das Problem
kennt und weiß, worum es geht. Das wirkt ermutigend

und stimulierend auf Jungen. Es macht es ihnen leichter, über ihre Erfahrungen zu reden.

Auch professionelle Helfer sind offenbar nicht frei von Vorurteilen gegenüber sexuellem Mißbrauch. Nach Boland (1988) haben sie bei der Suche nach Erklärungen für den sexuellen Mißbrauch die Neigung, hauptsächlich das Verhalten des Opfers zu betrachten und zu wenig das Verhalten des Täters. Das bringt das Risiko mit sich, daß die Opfer sich auch weiterhin verantwortlich fühlen für den erlittenen Mißbrauch, anstatt daß dieser als eine Situation ungleicher Machtverteilung gesehen wird.

Untersuchungen (Komter, 1978; Soman, 1988) ergaben, daß männliche Betreuer ungenügend über ihre Beziehung zu männlichen Klienten nachdenken. Männliche Betreuer finden ihre männlichen Klienten oft unerreichbar, distanziert, langweilig, unsensibel oder aggressiv. Hiermit schaffen sie ein stereotypes und negatives Bild des männlichen Klienten. Es ist möglich, daß sie damit eine Atmosphäre des Ungesichertseins in den Kontakt miteinbringen, was ein Opfer nicht stimuliert, seine Erfahrungen offenzulegen. Ein Gefühl der Sicherheit ist für das Opfer von allergrößter Wichtigkeit.

Zum Schluß

Weibliche Opfer haben in den letzten Jahren das Stillschweigen über sexuellen Mißbrauch von Kindern durchbrochen. Für männliche Opfer ist diese Zeit jetzt gekommen. Auch für sie ist es äußerst schwer, das Schweigen über die eigenen Erfahrungen des Mißbrauchtseins zu brechen. Das hat unter anderem mit der Verpflichtung zur Geheimhaltung zu tun, die der Täter dem Opfer häufig auferlegt hat, beispielsweise durch die Drohung mit

Gewalt, womöglich nicht nur dem Opfer, sondern auch dessen Geschwistern gegenüber. Aber dem Opfer kann auch eingeredet werden, daß niemand ihm glauben wird. Viele Täter bestechen das Kind mit Geld, Geschenken und Gunstbeweisen. Diese Einschüchterung kann eine derart verheerende Wirkung haben, daß das Opfer sie nicht mehr als Einschüchterung erfährt und einen inneren Widerstand entwickelt, über den Mißbrauch zu reden.

Außerdem ist vielen Opfern klar, daß das Ingangbringen des Verarbeitungsprozesses in ihnen viele Emotionen hervorholen wird. Sie schrecken zurück vor ihrer Angst, ihrer Wut und dem Kummer anläßlich dessen, was geschehen ist. Für Männer gilt, daß sie Angst haben, die Kontrolle über ihre Emotionen zu verlieren. Von Männern wird auch nicht erwartet, daß sie Opfer sind.

Von den professionellen Hilfseinrichtungen erfordert dies, daß man gut über die Auswirkungen sexuellen Mißbrauchs auf Lebenseinstellung und Verhalten des Opfers unterrichtet ist. An entsprechenden Informationen über männliche Opfer fehlt es bisher.

2. Was wissen wir über sexuellen Mißbrauch an Jungen?

Einleitung

Es ist gar nicht so einfach, sexuellen Mißbrauch zu definieren. Die Forschung und Veröffentlichungen aus der Sozialarbeit zeigen, daß die Begriffe Inzest, sexuelle Gewalt, sexuelle Kindesmißhandlung und sexueller Mißbrauch hier miteinander vermischt werden. Dadurch entsteht Verwirrung bezüglich dessen, was wohl und was nicht unter sexuellem Mißbrauch verstanden werden muß.[1]

Hier wird von der Definition N. Draijers ausgegangen. Diese besagt, daß von sexuellem Mißbrauch die Rede ist, »wenn die sexuellen Kontakte gegen den Willen des Kindes stattfinden oder wenn es diese Kontakte infolge emotionalen Drucks, des selbstverständlichen Übergewichts oder aufgrund von Zwang seitens des Täters nicht verweigern kann. Auch muß ein körperlicher Kontakt vorliegen« (Draijer, 1988b).

Obengenannte Begriffe werden verwendet, um sexuelle Kontakte zwischen einem Erwachsenen und einem Kind zu umschreiben. Über die Wünschbarkeit und Zulässigkeit derartiger Kontakte wurde und wird sehr unterschiedlich gedacht. Kulturelle Unterschiede und moralische Werte spielen dabei eine wichtige Rolle. Sie sind von Einfluß auf die jeweils verwendeten Definitionen. Es wird klar sein, daß in diesem Buch ein Standpunkt eingenommen wird, der erzwungenen sexuellen Kontakt ablehnt.

Eine andere Frage ist, ob ein Kind durch einen derartigen Kontakt Schaden in seiner weiteren persönlichen Entwicklung nimmt oder nicht.[2] Nicht alle sexuellen Kontakte zwischen Erwachsenem und Kind sind von vornherein unerwünscht oder schädlich. Nel Draijer (1985) und Sandfort (1985) warnen vor allzu moralistischen Generalisierungen. Um feststellen zu können, ob sexueller Mißbrauch vorliegt oder nicht, schlägt Draijer vor, folgende Maßstäbe anzulegen: Ein negatives emotionales Erleben seitens des Kindes, die Unerwünschtheit und Unfreiwilligkeit des Kontaktes seitens des Kindes und die Macht oder das Übergewicht des Erwachsenen.[3]

Der Mißbrauch

Umfang des Mißbrauchs

Die meisten Daten in bezug auf Umfang und Art sexuellen Mißbrauchs sind in Publikationen aus den Vereinigten Staaten zu finden. Dabei handelt es sich einerseits um Bevölkerungsstudien und soziologische Untersuchungen[4] und andererseits um Beschreibungen, Rapporte und Registrierungen aus der Sozialarbeit. In diesen Publikationen werden unterschiedliche Beschreibungen und Definitionen sexuellen Mißbrauchs verwendet. Diese Unterschiede lassen sich auf folgende Punkte zurückführen:

1. Ist ausschließlich von sexuellem Mißbrauch innerhalb der Familie die Rede, oder wird auch sexueller Mißbrauch außerhalb der Familie berücksichtigt?
2. Begreift man, daß es neben der Anwendung von Zwang, Gewalt und Drohungen auch subtilere Formen der Überredung gibt, die zu sexuellem Mißbrauch führen?

3. Werden lediglich physische Berührungen zum sexuellen Mißbrauch gerechnet, oder versteht man darunter auch Voyeurismus, Exhibitionismus oder erzwungenes Posieren?
4. Findet die Wahlfreiheit des Kindes genügend Beachtung? Kann ein Kind sich dem sexuellen Kontakt entziehen? Inwieweit wird Freiwilligkeit oder Unfreiwilligkeit in bezug auf den Kontakt Rechnung getragen?
5. Werden das Alter des Kindes und/oder der Altersunterschied zwischen Täter und Opfer entsprechend berücksichtigt? Wird beachtet, daß das Kind sexuellen Handlungen ausgesetzt sein kann, die nicht zum Alter des Kindes passen und die dadurch einer positiven (sexuellen) Entwicklung des Kindes womöglich im Weg stehen? Wird das Maß, in dem ein Kind die Reichweite der Folgen des sexuellen Kontakts übersehen kann, im Auge behalten?
6. Wird davon ausgegangen, daß es unterschiedliche Arten von Tätern gibt? Inwieweit kommen neben männlichen Tätern auch weibliche und jugendliche Täter in den Beschreibungen vor?

Auffällig ist, daß viele Definitionen und Beschreibungen sexuellen Mißbrauchs auf die sexuelle Handlung selbst abzielen und kaum auf den Kontext eingehen, innerhalb dessen der Mißbrauch sich abspielt. Die gesellschaftlichen und kulturellen Hintergründe, die für das Verstehen sexuellen Mißbrauchs von Belang sind, auch des Mißbrauchs an Jungen, kommen zu wenig zur Sprache. Ein anderes Problem ergibt sich aus den starken Unterschieden in der Größe der untersuchten Gruppen. Es ist methodisch nicht immer zu verantworten, die unterschiedlichen Daten vorbehaltlos miteinander zu vergleichen (Finkelhor, 1986).

So ist angezeigt, mit dem Ziehen von Schlußfolgerungen auf der Grundlage der jetzt verfügbaren Daten vorsichtig zu sein. Was jetzt folgt, kann demnach nicht mehr sein als eine Reihe ernst zu nehmender Indizien.

Aus dem im Oktober 1989 erschienenen Bericht des niederländischen Vertrauensärztebüros (Buro's Vertrouwensartsen) geht hervor, daß für den Zeitraum von 1985 bis 1988 von den gemeldeten Fällen von Kindesmißhandlung der Anteil der Meldungen von Fällen sexuellen Mißbrauchs von 15 Prozent auf 29 Prozent gestiegen ist. Dabei waren von der Gruppe sexuell mißbrauchter Kinder 13 Prozent Jungen. In einer von Wolters (1982) untersuchten Gruppe von Opfern sexuellen Mißbrauchs waren 20 Prozent der Opfer männlichen Geschlechts. Eine Auswertung der Literatur über Inzest (Draijer, 1985) ergab, daß Jungen dort 1,5 Prozent der Opfer ausmachten.

Auch in den Vereinigten Staaten ist ein explosiver Anstieg der Zahl der Meldungen sexuellen Mißbrauchs zu verzeichnen. Dieser Anstieg kann nicht unmittelbar als eine wirkliche Zunahme sexuellen Mißbrauchs gesehen werden. In den letzten Jahren ist mehr über sexuellen Mißbrauch von Kindern publiziert worden. Hierdurch und durch inzwischen geleistete Aufklärung ist es für die Opfer ein weniger großes Tabu als vordem, über ihre Erfahrungen zu sprechen.

Im Jahr 1982 waren von den Meldungen beim National Centre on Child Abuse and Neglect (dem nationalen Zentrum gegen Kindesmißbrauch und -verwahrlosung) in 16 Prozent der Fälle Jungen die Opfer (Finkelhor & Hotaling, 1984). Bei einer Studie unter 796 Kommilitonen konstatierte Finkelhor (1979), daß neun Prozent der männlichen Studenten früher sexuell mißbraucht worden waren. Bei der Auswertung einer Reihe klinischer Studien stellte de Jong (1982) fest, daß 11 bis 17 Prozent der berichteten Fälle sexuellen Mißbrauchs Jungen betrafen. Pierce & Pierce (1985) betrachteten eine Reihe von Studien aus der Sozialarbeit hinsichtlich der Problematik ihrer Klienten und stellten fest, daß es sich in 10 bis 17 Prozent der berichteten Fälle um sexuellen Mißbrauch an Jungen handelte. Selbst untersuchten sie im Zeitraum von 1976 bis 1979 205 Meldungen sexuellen Mißbrauchs, wobei es in 12 Prozent der Fälle um Jungen ging.

Trotz der verschiedenen Prozentzahlen hat es vorläufig den Anschein, als ob der sexuelle Mißbrauch an Jungen dem Umfang nach kleiner ist als der an Mädchen. Aus Datenvergleichen bei einer Reihe von Untersuchungen schließen Finkelhor & Baron (1986), daß die Zahl der männlichen Opfer viel niedriger liegt als die Zahl weiblicher Opfer. Die Autoren finden jedoch, daß daraus nicht geschlußfolgert werden darf, daß Jungen ein geringeres Risiko trügen als Mädchen oder daß das alles für Jungen nur halb so schlimm sei. Sie sind der Meinung, daß durch das – berechtigte – Augenmerk auf weibliche Opfer der Tatsache zu wenig Rechnung getragen wird, daß auch Jungen Opfer sexuellen Mißbrauchs sein können.

Porter (1986) verweist auf eine Reihe professioneller Helfer auf dem Gebiet sexuellen Mißbrauchs, die behaupten, daß eine fünfzig-zu-fünfzig-prozentige Verteilung zwischen Jungen und Mädchen als Opfern vorliege. Finkelhor (1986) versieht dies mit kritischen Randbemerkungen. Er hält diese Stellungnahme für spekulativ und auf einer methodisch nicht vertretbaren Studie beruhend.

In den Vereinigten Staaten hat man Präventivprogramme durchgeführt, die klare Informationen über die Existenz sexuellen Mißbrauchs bei Jungen enthalten. Die Folge war, daß anschließend der Prozentsatz an Jungen, die einen Mißbrauch meldeten, fast die Hälfte der insgesamt gemeldeten Fälle von Mißbrauch betrug (Groth, 1981, in: Porter, 1986). Das zeigt zumindest, daß Jungen mehr Risiken ausgesetzt sind, als man zunächst annehmen möchte. Zu dieser Meinung neigen auch Forscher wie Geiser (1979), Summit (1983) und Swift (1977).

Die Arten sexuellen Mißbrauchs

Bei der Beurteilung sexuellen Mißbrauchs sind zwei Dinge von Belang: Es geht nicht nur um offene, sondern auch um verhüllte Formen des Mißbrauchs, und es geht um die Absicht des Täters; er oder sie zielt auf die eigene sexuelle Befriedigung ab.

Bei Formen des Mißbrauchs ist daran zu denken, daß der Täter:

– vaginalen oder analen Kontakt und aktiven oder passiven Oralverkehr erzwingt;
– mit den Geschlechtsteilen des Jungen »spielt«; daß er den Jungen an sich drückt oder sich an ihm reibt; ihn nackt fotografiert oder auf Video aufnimmt; daß er den Jungen damit erpreßt und so erneut sexuellen Kontakt erzwingt;
– sich zu unerwarteten Zeiten und an unerwarteten Orten dem Jungen gegenüber exhibitioniert (seine Geschlechtsteile zeigt) und ihn bittet, ihm beim An- oder Ausziehen zu helfen;
– den Jungen verpflichtet, einer geschlechtlichen Gemeinschaft zuzusehen und ihn dabei in Sexualität »unterrichtet«;
– dem Jungen (Kinder-) Pornographie zeigt mit dem Ziel, dies als normal hinzustellen und ihn so zu sexuellem Kontakt zu verführen;
– Kinder zu gegenseitigem sexuellen Kontakt anhält, wobei der Täter zusieht und/oder masturbiert;
– mit einem Jungen badet oder duscht unter dem Deckmantel erzieherischer Motive, wobei der Penis des Jungen gewaschen oder wobei kontrolliert wird, ob der Penis auch anschwellen und steif werden kann;
– gemeinsam mit dem Jungen badet oder das Badezimmer oder Schlafzimmer betritt, wenn der Junge dabei ist, sich zu waschen oder anzuziehen, während der Junge deutlich zeigt, darauf keinen Wert zu legen;

– den Jungen dauernd mit Geschichten über Sex und Sexualität füttert in der Absicht, ihn aufzureizen und zu verführen.

Bei vielen dieser Formen sexuellen Mißbrauchs geht es nicht nur um das Berühren des Jungen seitens des Täters, sondern auch darum, daß der Junge genötigt wird, den Täter zu berühren. Letzteres stürzt das Opfer in Verwirrung, weil es dann womöglich denkt, selbst mitverantwortlich zu sein für das, was stattgefunden hat.

Es scheinen sich einige Unterschiede im sexuellen Mißbrauch an Jungen und dem an Mädchen abzuzeichnen. Nach Pierce & Pierce (1985) werden Jungen während des sexuellen Mißbrauchs weniger »gestreichelt« als Mädchen. Bei Jungen scheint der Mißbrauch stärker genital ausgerichtet zu sein (Johnson & Shrier, 1985; Friedrich & Luecke, 1988). Porter (1986) zufolge handelt es sich in der von ihm zitierten Studie von Abel in 62 Prozent der Fälle von sexuellem Mißbrauch an Jungen um sogenannte *hands-on*-(Berührungs-)Delikte sowie oralen und analen Sex, entgegen 38 Prozent bei Mädchen. Jungen werden offenbar auch mehr als Mädchen Opfer bizarrer Formen von Sex.

Das Alter, in dem sexueller Mißbrauch stattfindet

Aus den diversen Studien ergibt sich eine große Streuung des Alters, in dem der Mißbrauch stattfindet. Laut Reinhardt (1987) liegt das durchschnittliche Alter für Jungen um das vierte Lebensjahr und laut Pierce & Pierce (1985) um das siebte Lebensjahr. Russel (1984) behauptet, daß Jungen zur Zeit des Mißbrauchs meistens älter seien als Mädchen. Finkelhor (1984) dagegen meint, daß Mißbrauch in jedem Alter stattfinden kann. Die Frage, in welchem Alter Jungen dem größten Risiko ausgesetzt sind, ist hiermit nicht eindeutig zu beantworten. Das wird vorläufig ein schwieriges Problem bleiben. Viele Männer geben erst in fortgeschrittenem Alter zu, sexuellen Mißbrauch erlitten zu haben. Das macht es schwierig, genau festzustellen, zu welchem Zeitpunkt in ihrem Leben dies angefangen hat.

Orte des Mißbrauchs

Gibt es bestimmte Orte und Situationen, die für Jungen mehr Risiken beinhalten als andere? Es scheint, als liefen Jungen eher als Mädchen Gefahr, außerhalb des Hauses sexuellen Mißbrauch zu erleiden, obwohl kleine Jungen auch zu Hause mißbraucht werden (Finkelhor, 1984). Groth (1979) hat aus seinen Untersuchungen gefolgert, Jungen würden eher als Mädchen außerhalb der Familie zu Opfern sexuellen Mißbrauchs. Diese Schlußfolgerung wird unterstützt von Porter (1986), der die Daten aus den Untersuchungen Abels und Mittelmans miteinander verglich.

Risikofaktoren

In den diversen Studien über sexuellen Mißbrauch an Kindern werden vielerlei Faktoren genannt, die das Risiko sexuellen Mißbrauchtwerdens vergrößern. Nach Finkelhor & Baron (1986) treten in den verschiedenen Untersuchungen die folgenden Faktoren am klarsten hervor:

– die fehlende Verfügbarkeit oder Abwesenheit von Eltern (-teilen) (durch Tod, Scheidung, Krankheit, Arbeit);
– eine schlechte Beziehung mit einem oder beiden Elternteilen;

30

– Konflikte zwischen den Eltern;
– die Anwesenheit eines Pflege- oder Stiefelternteils.

Natürlich bedeutet das nicht, daß die Anwesenheit eines dieser Risikofaktoren automatisch zu sexuellem Mißbrauch führt, noch, daß die Abwesenheit eines solchen Risikofaktors allein garantiert, daß kein Mißbrauch stattfindet.

Die Täter

Hauptsächlich Männer

Noch vor gar nicht langer Zeit ging man davon aus, daß sexuelle Gewalt sehr selten vorkomme und daß die Täter Männer seien mit einer psychischen oder sexuellen Abnormität. Dieses irrige Bild von den Tätern findet man in den verschiedenen theoretischen Erklärungen wieder, die für deren Verhalten gegeben werden (siehe Bolton u. a., 1989; van Herk, 1985). Dieses Täterbild hat auch lange Zeit hindurch verhindert, daß man Einsicht in Häufigkeit und Art sexuellen Mißbrauchs erlangte, besonders innerhalb bestehender Beziehungen und innerhalb der Familie. Soweit man sexuellem Mißbrauch Aufmerksamkeit widmete, bezog sich das vornehmlich auf Notzucht und Vergewaltigung außerhalb des Hauses.

Das jüngere Augenmerk auf sexuellen Mißbrauch innerhalb der Familie gilt vor allem weiblichen Opfern. Aus Studien geht hervor, daß die Täter für das Opfer zumeist keine Unbekannten sind, sondern ein Familienmitglied, ein Freund, Nachbar, Lehrer, Arzt oder professioneller Betreuer. Ein großer Teil der männlichen Täter beginnt schon in jungem Alter, andere sexuell zu mißbrauchen.[5]

Es hat den Anschein, als würden sowohl Jungen als

auch Mädchen vornehmlich Opfer männlicher Täter. Aus der Untersuchung von Vennix (1984) geht hervor, daß in 80 Prozent der Fälle sexuellen Mißbrauchs der Täter ein Mann war und in lediglich 20 Prozent der Fälle eine Frau. Dem Bericht des Vertrauensärztebüros (1989) zufolge wird sexueller Mißbrauch in 88 Prozent der Fälle durch Männer verübt und in 12 Prozent durch Frauen. Bei den offiziell gemeldeten Fällen sexuellen Mißbrauchs in den Vereinigten Staaten handelte es sich in 90 Prozent der Fälle um männliche und in 10 Prozent der Fälle um weibliche Täter (Finkelhor & Hotaling, 1984). Auf die Existenz weiblicher Täter wird im folgenden noch eingegangen.

Mißbrauch innerhalb der Familie

Es fällt auf, daß in den Beschreibungen sexuellen Mißbrauchs an Jungen kaum auf die Möglichkeit des Mißbrauchs des Sohnes durch den Vater oder Stiefvater eingegangen wird. In der Fachliteratur werden lediglich einige Fälle dieser Form von Inzest beschrieben.[6] Rogers & Terry (1984) behaupten, daß Jungen häufig von älteren Jungen mißbraucht würden und weniger vom Vater.

Auch wird Mißbrauch innerhalb der Familie oft von einem älteren Bruder oder Cousin oder einer älteren Cousine verübt. Dieser Mißbrauch kann eine Folge außer Kontrolle geratener Experimente mit Sexualität sein oder das Abreagieren von Frustrationen und Rivalitätsgefühlen. Auch die Tatsache, daß man selbst mißbraucht worden ist, kann zur Ursache eigenen Mißbrauchverhaltens gegenüber einem jüngeren Familienmitglied werden (Friedrich & Luecke , 1988).

Insgesamt gesehen sind bisher mehr und spezifischere Informationen über sexuellen Mißbrauch an Jungen außerhalb des Hauses verfügbar als über Mißbrauch innerhalb familiärer Zusammenhänge.

32

Pädophilie und sexueller Mißbrauch

Vor dem Hintergrund, daß Jungen anscheinend öfter außerhalb der eigenen vier Wände von einem Mann mißbraucht werden, stellt sich rasch die Frage nach der Verbindung zwischen Pädophilie und sexuellem Mißbrauch.[7]

Pädophile werden als eine wichtige Risikogruppe für Jungen angesehen. In den Vereinigten Staaten rechnet man Pädophilie generell zu sexuellem Mißbrauch.[8]

Über pädophile Beziehungen und deren Vor- und Nachteile für das Kind wird sehr unterschiedlich gedacht. Es ist nicht Gegenstand dieses Buches, darauf ausführlich einzugehen. Hier seien lediglich einige Hauptstränge der Diskussion angedeutet.

Von einer pädophilen Beziehung ist die Rede, wenn ein Älterer sich hingezogen fühlt zu Kindern, wobei diese Gefühle sich von »Liebe zu Kindern« im allgemeinen unterscheiden, weil auch eine sexuelle Anziehungskraft vorliegen kann. »Pädophile Gefühle können jedoch nicht auf den sexuellen Aspekt reduziert werden. Oft geht es auch um ein Interesse an dem, was Kinder tun und denken, die Art, in der sie ihre Welt erleben« (Huizinga, 1977, in: Sandfort, 1986). Sandfort (1986) fügt noch hinzu, daß ein pädophiler Erwachsener ein tiefgehendes emotionales Verhältnis mit kleinen Jungen anstrebe und darin Rücksicht nehme auf das Kind. Ein Kind könne sich durch eine derartige Beziehung zu einem ausgeglichenen Erwachsenen entwickeln. Hier wird also versucht, die pädophile Beziehung unter Berücksichtigung eventueller positiver Argumente für Erwachsenen und Kind zu betrachten.

Professionelle Helfer und Forscher, die sich mit sexuellem Mißbrauch an Kindern beschäftigen, denken darüber völlig anders. Wolters (1982) ist der Meinung, daß Pädophilie für Kinder schädlich ist. Wegen der großen Risiken für Kinder betont er vor allem die Machtungleichheit in der Beziehung zwischen Erwachsenem und Kind.

Ein wichtiger Autor, der die Machtungleichheit in die Erörterung sexuellen Mißbrauchs miteinbezieht, ist Finkelhor (1979). Er geht von vorneherein davon aus, daß zwischen Täter und Opfer ein ungleiches Machtverhältnis vorliegt. Dieses Machtgefälle beruht ihm zufolge auf dem Altersunterschied, der unterschiedlichen Mündigkeit von Kind und Erwachsenem und dem Unterschied in Autorität und Wissen. Seiner Meinung nach kann das Kind aufgrund dieser Machtunterschiede einfach nicht wirklich seine Zustimmung zu einer sexuellen Beziehung geben. Die Möglichkeit sexuellen Mißbrauchs liegt damit vor. In dieser Argumentation ist Pädophilie sexueller Mißbrauch, weil Machtungleichheit gleichgesetzt wird mit Machtmißbrauch.

Um beurteilen zu können, ob Zwang oder Mißbrauch vorliegen, muß nach Sandfort Pädophilie von Pädosexualität unterschieden werden. Bei Pädosexualität gehe es um sexuelle Kontakte zwischen Kindern und Erwachsenen, ohne daß eine tiefgehende Gefühlsbindung mit dem Kind vorliege. Pädosexualität gehe nicht automatisch aus Pädophilie hervor (Rouweler-Wuts, 1976, in: Sandfort, 1986). In Ermangelung eines erwachsenen Partners könne die Verfügbarkeit eines Kindes zu Pädosexualität führen.

Sandfort ist der Meinung, daß bei vielen Beschreibungen sexuellen Mißbrauchs ungenügend auf die Bedeutung geachtet wird, die das Kind selbst dem sexuellen Kontakt mit dem Erwachsenen beimißt. Dadurch bleibe unklar, warum und wann bestimmte Kontakte negative Folgen haben. Er betont ausdrücklich, damit nicht sagen zu wollen, daß sexueller Mißbrauch nicht vorkomme, und auch, daß er den Ernst des Phänomens nicht bestreiten wolle. Doch ist er der Ansicht, daß wir auf die Rolle des Erwachsenen beim Zustandekommen des Kontakts achten müssen. Wenn jemand, sei es nun mit oder ohne pädophile Gefühle, sein Übergewicht mißbrauche oder ein

Kind auf andere Art zu dem Kontakt zwinge, liege ein Mißbrauch vor (Sandfort, 1986).

Das Vorhergehende zeigt, daß die Beziehung zwischen Pädophilie und sexuellem Mißbrauch äußerst kompliziert ist. Im Interesse des Kindes muß man aber einen kritischen Standpunkt gegenüber der Pädophilie beibehalten. Angesichts des Umfangs, in dem Kinder sexuell mißbraucht werden, erscheint die These gerechtfertigt, daß Kinder in vielen Fällen die Folgen sexueller Kontakte mit Erwachsenen für ihre eigene (sexuelle) Entwicklung nur schwer überblicken können. Es geht jedoch zu weit, pädophile Kontakte, wie das in den Vereinigten Staaten geschehen ist, unterschiedslos zu sexuellem Mißbrauch zu rechnen. Das erscheint als unnötige Kriminalisierung des Pädophilen. Es ist außerdem auffällig, daß die Diskussion über Pädophilie in den Niederlanden in den letzten Jahren infolge der vielen Veröffentlichungen zu sexuellem Mißbrauch verstummt zu sein scheint.

Weibliche Täter

Aufgrund geschlechtsstereotypischer Auffassungen nimmt man fast selbstverständlich an, Jungen seien selten Opfer und Frauen selten Ausübende sexuellen Mißbrauchs. Die Wirklichkeit ist: Weibliche Täter gibt es, und wir werden uns an den Gedanken gewöhnen müssen. Es kann sich dabei um die Mutter handeln, die Stiefmutter, Schwester, Großmutter, Tante, Kusine, Lehrerin oder Babysitterin.

Bisher ist in den Niederlanden noch äußerst wenig über von Frauen verübten sexuellen Mißbrauch bekannt. In den Vereinigten Staaten ist hierzu in den letzten sieben Jahren mehr veröffentlicht worden. Frauen werden lediglich zu einem geringen Teil als verantwortlich für den sexuellen Mißbrauch angesehen. Diese Meinung finden wir in den offiziellen Kriminalstatistiken der Vereinigten

Staaten bestätigt. Von der Gesamtzahl der dort erfaßten Notzucht- und Vergewaltigungsdelikte werden lediglich zwei Prozent von Frauen verübt. Daten von professionellen Helfern, die sich mit der Behandlung sexueller Gewalttäter beschäftigen, zeigen das gleiche Bild. Bei den 400 von PHASE[9] behandelten adoleszenten Tätern dreht es sich bei zwei Prozent um Frauen.

Aufgrund eines sehr seriösen Vergleichs von Studien zu sexuellem Mißbrauch innerhalb und außerhalb der Familie schließt Russell (1984), daß fünf Prozent des sexuellen Mißbrauchs an Mädchen und 20 Prozent des sexuellen Mißbrauchs an Jungen von einer älteren Frau verübt werden.

Forschungen in bezug auf die Opfer weisen höhere Prozentzahlen aus. Eine im Jahr 1981 vom National Center on Child Abuse and Neglect (Finkelhor & Russel, 1984) durchgeführte Studie zeigt, daß 13 Prozent der weiblichen und 20 Prozent der männlichen Opfer von einer Frau mißbraucht wurden.[10] Johnson & Shrier (1987) untersuchten 1000 adoleszente männliche Patienten in einer medizinischen Klinik; davon hatten 25 sexuellen Mißbrauch erlitten, wobei 44 Prozent von ihnen von einer Frau und 56 Prozent von einem Mann mißbraucht worden waren.

Für die Niederlande geht aus dem Bericht des Vertrauensärztebüros (1989) nicht klar hervor, wie viele Jungen von Frauen mißbraucht wurden. Beim Groninger Kinder- und Jugendtelefon ging es bei 32 Jungen, die sich dort wegen sexuellen Mißbrauchs gemeldet hatten, vornehmlich um weibliche Täter; bei einem Viertel von ihnen handelte es sich dabei um die Mutter (Drion, 1989).

Auch lebensgeschichtliche Daten verschaffen uns einige Informationen über weibliche Täter. Petrovich & Templer (1984) fanden heraus, daß 49 (= 59 Prozent) von 83 erwachsenen Vergewaltigern vor ihrem sechzehnten Lebensjahr Opfer sexuellen Mißbrauchs durch eine Frau gewesen waren. Es drehte sich dabei vornehmlich um geschlechtliche Gemeinschaft. Diese hatte mehrmals stattgefunden, und das durchschnittliche Alter zur Zeit des Mißbrauchs lag bei 11,5 Jahren. In der Studie von Matthews (1987) gaben 33 bis 40 Prozent der weiblichen Täter an, irgendwann selbst sexuell mißbraucht worden zu sein; ein Viertel von ihnen von einer Frau. Groth (1979) entdeckte, daß in einer Stichprobe von 60 sexuellen Gewalttätern eine Erfahrung mit sexuellem Mißbrauch als Kind vorlag; in 20 Prozent der Fälle war der Mißbrauch von einer Frau verübt worden. Knopp & Lackey (1987) untersuchten 44 Behandlungsprogramme für weibliche Täter. In 51 Prozent der Vergewaltigungs- und Notzuchtdelikte war das Opfer ein Junge gewesen. Übrigens bemerkt Russel (Finkelhor & Russel, 1984), daß hieraus nicht ohne weiteres gefolgert werden darf, daß weibliche Täter eine Vorliebe für männliche Opfer hätten.

Aus den obigen Untersuchungen geht hervor, daß die Zahl männlicher Täter größer ist als die Zahl weiblicher Täter. Es wird jedoch vermutet, daß mehr Frauen sexuellen Mißbrauch verüben, als bisher bekannt ist. Groth (1979) zufolge hat die geringere Erfassung weiblicher Täter damit zu tun, daß Frauen ihr Mißbrauchsverhalten unter dem Deckmantel der körperlichen Versorgung der Kinder (beispielsweise waschen und anziehen) leichter verstecken können. Es falle dann weniger auf. Finkelhor & Russel (1984) bestreiten diese Meinung. Ihnen zufolge gibt es keinen Grund für die Annahme, daß Frauen mehr als Männer in subtilere Formen sexuellen Mißbrauchs verwickelt seien.

Im vorigen Kapitel ist bereits angemerkt worden, daß Jungen weniger als Mädchen bereit sind, von sexuellem Mißbrauch Meldung zu machen. Groth (1979) ist der Ansicht, daß dies hauptsächlich dann gilt, wenn der Täter eine Frau ist; insbesondere, wenn es sich um die Mutter des Opfers handelt.

Was ist kennzeichnend für weibliche Täter? An dieser Stelle sei ausdrücklich bemerkt, daß alles, was hier an Informationen über weibliche Täter folgt, auf extrem kleinen Zahlen basiert. Außerdem geht es dabei um eine sehr wenig repräsentative Gruppe, nämlich um Frauen, die mit der Justiz in Berührung gekommen sind.

Den behandelnden Therapeuten zufolge unterscheiden sich weibliche von männlichen Tätern in den nachstehenden Punkten:

1. Die meisten Frauen verüben den sexuellen Mißbrauch offenbar gemeinsam mit einem Mann. In der Studie von Mathews (1989) trifft dies für die Hälfte bis zwei Drittel der Frauen zu. Dabei initiierte der Mann den sexuellen Mißbrauch, und die Frau erfüllte eine Nebenrolle. Meistens versuchte sie, es dem männlichen Täter recht zu machen, um dergestalt ihre Ehe oder Beziehung zu retten. In ihrer Beziehung wurden diese Frauen völlig von ihrem Mann dominiert und waren regelmäßig Opfer verbaler, physischer und sexueller Gewalt seinerseits. Auffällig ist, daß viele Frauen selbst ebenfalls in ihrer Jugend mißbraucht worden waren.[11]

2. Weibliche Täter wenden anscheinend weniger Gewalt an als männliche Täter (Johnson & Shrier, 1987; Marvasti, 1986). Gewalt ist bei jugendlichen weiblichen Tätern meistens nicht im Spiel.

3. Weibliche Täter scheinen ihre Opfer besser zu kennen als männliche Täter. Im allgemeinen standen sie in einer versorgenden Beziehung zu ihren Opfern.

4. Die Zahl der Opfer pro Frau ist offenbar kleiner. Der sexuelle Mißbrauch ist auch weniger häufig; nur wenige Frauen mißbrauchen ihre Opfer mehr als ein Mal. Außerdem liegt auch weniger abweichendes sexuelles Verhalten vor als bei männlichen Tätern.

Zum Schluß

Zunächst ist festzuhalten, daß es viele unterschiedliche Umschreibungen sexuellen Mißbrauchs gibt. Das hat mit den Meinungsunterschieden bezüglich der Wünschbarkeit, Zulässigkeit und Schädlichkeit sexueller Kontakte zwischen Erwachsenen und Kindern zu tun. Trotz dieser Unterschiede ist man nahezu einhellig der Meinung, daß dann von sexuellem Mißbrauch die Rede ist, wenn eine erwachsene Person ihr Übergewicht mißbraucht und ein Kind zu unfreiwilligem sexuellem Kontakt zwingt. Die genaue Feststellung von Häufigkeit und Art sexuellen Mißbrauchs an Jungen wird durch die unterschiedlichen Definitionen dessen, was unter sexuellem Mißbrauch zu verstehen ist, gegenwärtig noch sehr erschwert.

Aufgrund der bisher verfügbaren Daten kann eine Reihe *vorläufiger* Schlußfolgerungen gezogen werden. Es hat den Anschein, daß:

- dei Häufigkeit des sexuellen Mißbrauchs an Mädchen und vor allem an Jungen größer ist als bisher bekannt;
- die Zahl der gemeldeten männlichen Opfer kleiner ist als die Zahl der weiblichen Opfer. Ungefähr 10 bis 20 Prozent der bekannten Fälle von sexuellem Mißbrauch betreffen Jungen;
- Jungen mehr Risiken ausgesetzt sind, als man gemeinhin annehmen will;
- die Art und Weise des sexuellen Mißbrauchs an Jungen stärker genital ausgerichtet ist als bei Mädchen;
- Jungen eher als Mädchen außerhalb der Familie mißbraucht werden. Dabei darf nicht aus dem Auge verloren werden, daß über sexuellen Mißbrauch an Jungen innerhalb der Familie bisher äußerst wenig bekannt ist und daß in vielen Studien Pädophilie vorbehaltlos zu sexuellem Mißbrauch gerechnet wird;

- sexueller Mißbrauch an Jungen überwiegend durch männliche Täter verübt wird;
- mehr Frauen sexuellen Mißbrauch verüben, als man denkt. Verglichen mit der Zahl männlicher Täter handelt es sich, soweit bekannt, um eine geringe Zahl von Frauen, die Kinder sexuell mißbrauchen.

3. Die Folgen sexuellen Mißbrauchs

Einleitung

Sexuell mißbraucht zu werden bringt für jedes Kind ernsthafte Risiken für die persönliche Entwicklung mit sich, gleich, ob es sich um ein Mädchen oder einen Jungen handelt. Es ist eine traumatische Erfahrung, die sowohl kurzfristige als auch langfristige Folgen hat. Diese Folgen haben sowohl einen Einfluß auf das eigene Erleben und Selbstwertgefühl als auch auf das Funktionieren als Kind und später als erwachsener Mensch, namentlich in Beziehungen mit anderen, aber auch auf anderen Gebieten. Deshalb wird zunächst auf die Folgen des sexuellen Mißbrauchs für das Opfer im allgemeinen eingegangen und danach auf die spezifischen Folgen für Jungen. Zugleich wird der Zusammenhang besprochen, der häufig zwischen Opfersein und späterer Täterschaft hergestellt wird. Schließlich kommt die unterstützende Rolle der Erwachsenen zur Sprache, wenn es um die Verarbeitung der schmerzlichen Erfahrung geht.

Die Folgen

Sexuell mißbraucht zu werden verursacht fundamentale Veränderungen im Leben eines Kindes. Viele Wachstums- und Entwicklungsmöglichkeiten werden abgeschnitten; im Tausch dagegen erfährt das Kind jede Menge Schwierigkeiten und Not.

In der Fachliteratur zu diesem Thema werden die Folgen sexuellen Mißbrauchs umschrieben mit der Aufzählung von Gefühlen wie Ohnmacht, Scham, Angst, Verwirrung, mangelndem Selbstvertrauen, Schuld und Mißtrauen. Daraus geht jedoch nicht hervor, worin die Folgen sexuellen Mißbrauchs sich von den Folgen anderer traumatischer Ereignisse unterscheiden.

Um genau dies zu verdeutlichen, hat Finkelhor (1986) ein Modell entwickelt, in dem die Beziehung zwischen dem, was bei sexuellem Mißbrauch geschieht, und den daraus erwachsenden Folgen sichtbar gemacht wird (siehe auch Anlage 1). Sexueller Mißbrauch hat laut Finkelhor einen starken negativen Einfluß auf das Selbstbild des Opfers. Außerdem deformiert das Erleiden sexuellen Mißbrauchs gewissermaßen die Wahrnehmung der Wirklichkeit und macht das Kind emotional äußerst verletzlich. Diese Verletzlichkeit kommt zum Ausdruck in:

a. einer gestörten und traumatisierten sexuellen Entwicklung;
b. einem mangelnden Vertrauen in Menschen, vor allem in diejenigen, von denen das Kind in starkem Maße abhängig ist;
c. Ohnmachtsgefühlen und der Vorstellung bzw. dem Gefühl, Situationen nicht beeinflussen zu können;
d. dem Entwickeln negativer Haltungen bezüglich der eigenen Person.

Das Zusammenspiel einer großen Zahl von Faktoren bestimmt offenbar den Ernst des Mißbrauchs. Dabei muß die Art und Weise berücksichtigt werden, in der der Mißbrauch stattgefunden hat, und inwieweit dabei Zwang, Bedrohung und Verführung angewendet wurden. Es ist wichtig, in welchem Alter er sich ereignet hat und welches Entwicklungsniveau das Kind zu dieser Zeit hatte. Je häufiger der Mißbrauch stattgefunden hat und je länger der Zeitraum war, über den er sich erstreckte, desto zahlreichere und schwerere Probleme können daraus resultieren. Auch die Beziehung zwischen Opfer und Täter ist von Belang. Je enger diese Beziehung ist (der Mißbrauch wird beispielsweise durch die Eltern verübt) und je größer der Altersunterschied zwischen Täter und Opfer, desto ernsthafter können die Folgen des Mißbrauchs sein.

Es gibt also verschiedene Faktoren, die den Ernst des Mißbrauchs bestimmen. Welcher Faktor maßgebend für die Art und Intensität des bei sexuellem Mißbrauch entstehenden Traumas ist, bleibt ungewiß. Es fragt sich auch, ob dies notwendigerweise festgestellt werden muß. Wenn man Grenzen, Formen und Wirkung sexuellen Mißbrauchs allzu scharf definiert, kann beim Opfer große Unsicherheit entstehen, falls seine eigenen Erfahrungen von den gegebenen Umschreibungen abweichen.

Sexuell mißbraucht zu werden ist eine schmerzliche und schockierende Erfahrung und ruft Gefühle von Ohnmacht, Hilflosigkeit, Angst und Wut hervor. Darum ist bei der Beantwortung der Frage, wie schwerwiegend der sexuelle Mißbrauch war, vorzugsweise nicht nur von dem auszugehen, was geschehen ist, sondern von dem Erleben des Opfers selbst und der Bedeutung, die es dem Mißbrauch beimißt. Das wiederum hängt eng mit der Entwicklungsphase zusammen, in der das Kind sich zu Zeiten des Mißbrauchs befand.

Wie ein Kind sexuellen Mißbrauch erlebt und was die Folgen sind, wird von Lew (1989) anhand einer Reihe von Verlusterfahrungen treffend illustriert. Durch den sexuellen Mißbrauch verliert das Kind:

1. die Kinderzeit und Erinnerungen daran: Sexueller Mißbrauch führt zu Schmerz. Eine Art, diesem Schmerz zuvorzukommen, ist der Versuch des schnellstmöglichen Vergessens. Opfer leugnen oder verdrängen bewußt oder unbewußt den Schmerz aus ihrer Erinnerung, häufig sogar so stark, daß sie sich später an nichts

oder fast nichts mehr erinnern, was mit dem Mißbrauch zusammenhängt. Das Traurige daran ist, daß sie
früher oder später dahinterkommen, daß sie kein Kind
haben sein können. Diese Zeit können sie nicht mehr
nachholen, und niemand gibt sie ihnen jemals zurück.

2. den eigenen Körper und die Kontrolle über ihn: Jedes
   Kind erwartet von seiner Umgebung Geborgenheit,
   Liebe und Intimität. Dadurch lernt es, sich als wertvoll
   zu empfinden und Selbstvertrauen zu entwickeln. Sexueller Mißbrauch ist für das Kind mit diesen Erwartungen nicht zu vereinbaren. Sein Körper wird ihm gegen
   den eigenen Willen abgenommen, das Allerintimste
   gehört ihm nicht mehr. Dies beschädigt das Gefühl der
   Sicherheit und des Vertrauens grundlegend. Nicht nur
   die Umgebung wird als bedrohlich erfahren, sondern
   auch der eigene Körper, falls dieser während des Mißbrauchs Zeichen von Erregung gibt.

3. die Möglichkeit, zu spielen und zu lernen: Jedes Kind
   will spielen, spielen mit andern. Durch das Spiel lernt
   das Kind, mit anderen Menschen umzugehen, zusam-
   menzuarbeiten, Probleme zu lösen und Erfahrungen
   auszutauschen. Durch den erlittenen Mißbrauch wagt
   das Kind es nicht mehr, sich dem Spiel spontan hinzu-
   geben. Oft ist Alleinsein die einzige Art, sich sicher zu
   fühlen. Spiel verlangt Spontaneität, Kreativität und
   Aktivität. Für viele Opfer ist dies zu bedrohlich. Die
   Angst, die Kontrolle über die Umgebung zu verlieren,
   dominiert, wodurch es sehr schwierig wird, gute und
   schöne Erfahrungen zu machen.

Diese Beschreibungen umreißen deutlich, wie eingrei-
fend sexueller Mißbrauch für ein Kind ist.

Die spezifischen Folgen für Jungen

Bei der Beschreibung der Folgen sexuellen Mißbrauchs bei Jungen stellt sich das Problem, daß darüber kaum Informationen verfügbar sind. In vielen Studien zu sexuellem Mißbrauch werden Jungen kaum oder gar nicht erwähnt, oder es werden keine Unterschiede zwischen Jungen und Mädchen vermerkt.

Nach Adams-Tucker (1982) besteht in vielen Untersuchungen die Neigung, die Folgen des Mißbrauchs weniger ernst zu nehmen, wenn es sich um Jungen handelt. Es zeigt sich, daß man erzwungene Fellatio (Oralverkehr) bei Jungen für weniger schlimm hält als genitale Penetration bei Mädchen.

Das Geschlecht des Täters hat offenbar einen großen Einfluß auf das Erleben der Wirkungen sexuellen Mißbrauchs. Aus der Untersuchung von Woods & Dean (1984) ergab sich, daß das männliche Opfer im nachhinein die Erfahrung sexuellen Mißbrauchs durch eine Frau weniger negativ erlebte als den Mißbrauch durch einen Mann. Befragt nach den negativen Wirkungen des sexuellen Mißbrauchs auf das gegenwärtige Funktionieren, bekundeten die von Männern mißbrauchten Opfer dies stärker als die von Frauen mißbrauchten Opfer.

Der Unterschied in den Folgen für sexuell mißbrauchte Jungen und Mädchen liegt hauptsächlich darin, wie sie sich von der dabei entstehenden Verwirrung zu erholen versuchen. Diese Verwirrung hängt eng mit der Art und Weise zusammen, in der Jungen sozialisiert werden, und zeichnet sich hauptsächlich auf drei Gebieten ab, und zwar:

a. den Bereichen Macht und Kontrolle: das Gefühl, Macht und Kontrolle über den eigenen Körper und die eigene Situation zu haben;

b. den Bereichen Sexualität und sexuelle Orientierung:

das Gefühl zu haben, die eigene Sexualität und sexuelle Orientierung entwickeln zu können;

c. dem Umgang mit Beziehungen: das Gefühl zu haben, mit einer anderen Person intim sein zu können.

a. Macht und Kontrolle

Aufgrund der Anforderungen, die die Gesellschaft an Männer stellt, wird erwartet, daß Jungen ohne allzu große Mühe Probleme zu meistern wissen und ihre Gefühle in der Hand haben. Jungen sollen um unangenehme Erfahrungen kein allzu großes Aufhebens machen; das gehört zum Leben. Jungen, die einmal in der Klemme gesteckt haben, sollen das so schnell wie möglich vergessen. Jungen finden es offenbar noch viel schwieriger als Mädchen, sich selbst und anderen gegenüber zuzugeben, daß sie mißbraucht wurden. Jungen investieren viel Energie in das Leugnen und Minimalisieren des erlittenen sexuellen Mißbrauchs, um ihr eigenes Männlichkeitsbild aufrechtzuerhalten. Sie empfinden sich als schwach und dumm, weil sie nicht imstande gewesen sind, sich selbst zu schützen, weil sie den Mißbrauch nicht haben verhindern oder die Folgen nicht haben übersehen können.

Opfer zu sein verursacht Angst bei Jungen; Angst vor Ablehnung oder davor, als Schwächling ausgemacht zu werden. Durch dieses Gefühl der Machtlosigkeit entwickeln viele Jungen ein negatives Bild ihrer selbst. Dieses negative Selbstbild kann sich zweifach auswirken:

Erstens kann es so stark sein, daß ein Junge sich zu nichts imstande fühlt und darum inaktiv wird. Seine Ohnmachtsgefühle dominieren, er wird schüchtern und passiv. Er hat das Gefühl, keine Kontrolle über sein Leben zu besitzen. Der Junge läßt sich von seinen Ohnmachtsgefühlen mitreißen, die die Folge des sexuellen Mißbrauchs sind. Er fügt sich in das unvermeidliche Schicksal des

Opferdaseins und bestätigt und verlängert es damit. Dadurch, daß er nicht an das eigene Können glaubt und sich selbst in Grund und Boden verdammt, bleibt der Junge »erfolglos«. Er entdeckt also nie, wo seine Stärken liegen. Positive Reaktionen anderer werden mit dem entsprechenden Argwohn entgegengenommen. Er zieht sich zurück und isoliert sich von seiner Umwelt. Daß er keine Kontakte mit anderen herstellen und unterhalten kann, macht er sich selbst zum Vorwurf.

Eine zweite Art, dem negativen Selbstbild und den Gefühlen der Machtlosigkeit zu entkommen, ist, sich ständig als Junge oder Mann zu beweisen. Das kann auf unterschiedliche Art geschehen, etwa indem er sich in die Arbeit stürzt und zum Perfektionisten wird oder indem er übertriebenen Ehrgeiz in Arbeit, Sport und auf sexuellem Gebiet entwickelt. Er kann häufige (anonyme) Sexualkontakte anknüpfen. Durch Imponierverhalten gewinnt er eine Ausstrahlung, welche besagt: »Mir kann nichts und niemand etwas.« Er kann nicht stillsitzen, muß immer etwas zu tun haben, kann sich nur schwer entspannen und möchte ständig alles um sich her unter Kontrolle behalten. Er vertraut nur sich selbst und gibt nichts aus den Händen. Diese intensive Ausrichtung auf das männliche Selbstbild verhindert das Entstehen von Gefühlen der Nähe und Intimität mit andern, insbesondere mit Jungen. Intimität ist gefahrvoll und bestärkt Angst und Wut. Mitunter hat es den Anschein, als müsse Intimität vernichtet werden, um das Gefühl von Macht zurückzuerlangen.

b. Sexualität und sexuelle Orientierung

Bisher dürfte klar geworden sein, daß sexueller Mißbrauch nachteilige Folgen für eine positive sexuelle Entwicklung hat und in sexuelle Probleme münden kann. Sexuell mißbraucht worden zu sein ist eine negative Erfahrung, besonders wenn dabei Gewalt zur Anwendung gekommen ist.

Diese negative Erfahrung verursacht Probleme für die eigene Sexualität und sexuelle Erregbarkeit. Sexualität kann deshalb als bedrohlich empfunden werden. Woran liegt das? Während des Mißbrauchtwerdens kann ein Junge in physische Erregung geraten und eine Erektion und einen Samenerguß bekommen, besonders wenn der sexuelle Mißbrauch auf eine nicht gewalttätige Weise stattfindet. Es ist natürlich äußerst verwirrend, wenn Verstand und Intuition sagen, daß irgend etwas nicht stimmt, und der Körper gleichzeitig Signale aufweist, die andeuten, daß die Situation als angenehm und schön empfunden wird. Im allgemeinen herrscht die Auffassung, daß man bei einer Erektion und einem Samenerguß den sexuellen Mißbrauch auch selbst gewollt habe. So können die physische Erregung und andere eventuell positiven Gefühle während des Erleidens des Mißbrauchs von einem Jungen als Zeichen aufgefaßt werden, daß er den Mißbrauch selbst gewollt habe. Viele Opfer schämen sich deswegen und geben sich selbst die Schuld an dem Mißbrauch.

Sexueller Mißbrauch greift verletzend in das Entdekken und Begreifen der eigenen erotischen und sexuellen Gefühle ein. Durch das sexuelle Mißbrauchtsein wird es schwierig, Sexualität jemals noch als etwas Angenehmes zu erleben. Die Erfahrung von Opfern ist, daß Nähe und Intimität nahezu immer sexuelle Handlungen herbeiführen. Der Unterschied zwischen Sexualität und Intimität bleibt unklar. Das kann zur Folge haben, daß Beziehungen mit Menschen sexualisiert oder in zwanghafter Manier in sexuelle Beziehungen umgesetzt werden; das nämlich ist für das Opfer bekanntes Terrain. Auch kann sich ein nicht zum Alter des Jungen passendes Sexualverhalten entwickeln, das sich zum Beispiel äußert in einer überzogenen Aufmerksamkeit gegenüber allem, was mit Sex, Körper und Nacktheit zu tun hat.

Heterosexualität wird noch immer als die wünschenswerteste Form von Sexualität angesehen. Obwohl in den letzten Jahren mehr Informationen über Homosexualität verfügbar sind, reagiert unsere Gesellschaft darauf nach wie vor negativ. Stark negative Meinungen in bezug auf Homosexualität machen es für Jungen im allgemeinen schwer, öffentlich und aktiv Gefühle für andere Jungen zu äußern. Sie fangen lieber gar nicht erst damit an, aus Angst, für homosexuell ausgemacht zu werden. Wird ein Junge von einem Mann mißbraucht, entstehen Angst und Verwirrung bezüglich der eigenen sexuellen Orientierung. Der Junge unterstellt, daß er den sexuellen Mißbrauch deshalb nicht hat verhindern können, weil er womöglich eine homosexuelle Veranlagung habe.

Jedes Gefühl der Erregung oder des physischen Genusses während des erlittenen Mißbrauchs ist nur geeignet, diesen Gedanken noch zu verstärken. Die Verwirrung des Jungen mündet gegebenenfalls in die Frage: »Bin ich mißbraucht worden, weil ich schwul bin, oder bin ich schwul, weil ich mißbraucht worden bin?« Die triste Folge ist, daß der Junge nie dahinterkommt, wie die eigene sexuelle Orientierung sich entwickelt hätte, wenn er nicht mißbraucht worden wäre. Bei Jungen, die von einem Mann mißbraucht wurden, verstärken sich homophobe Gefühle. Für sie ist Intimität mit anderen Männern nur schwer zu ertragen. Das kann soweit gehen, daß sie jeden Kontakt mit anderen Männern, insbesondere homosexuellen, vermeiden.

Einer der Mythen über männliche Sexualität ist, daß ein Mann immer und überall Lust hätte auf Liebesakt und Geschlechtsverkehr. Ein sexueller Kontakt mit Frauen muß also immer als schön und wünschenswert empfunden werden. Frühe sexuelle Erfahrungen mit Mädchen und Frauen sind in dieser Optik ein »Gewinn« für die eigene Entwicklung. Man hat dann »Glück« gehabt und ist »früh dabei« gewesen.

Mit diesem Mythos im Kopf wirkt sich ein von einer Frau begangener sexueller Mißbrauch auf ein männliches Opfer besonders verwirrend aus, vor allem, wenn dabei auch eine Erektion und ein Samenerguß stattgefunden haben. Wenn man zeigt, auf einen derartigen Sexualkontakt keinen besonderen Wert gelegt zu haben, könnte damit im Zweifelsfall auch die eigene Männlichkeit zur Diskussion stehen.

Nasjleti (1980) hat mit Jungen gearbeitet, die zwischen ihrem zwölften und siebzehnten Lebensjahr sexuell mißbraucht wurden. Diejenigen, die von ihrer Mutter mißbraucht worden waren, wollten darüber lieber nicht reden, aus Furcht für »verrückt« gehalten zu werden. Sie schämten sich tief wegen dieses Kontakts und suchten die Verantwortung für den sexuellen Mißbrauch offenbar vollständig bei sich selbst.

c. Der Umgang mit Beziehungen

Der sexuelle Mißbrauch verursacht nicht nur Probleme mit der Sexualität, er wirkt auch darin fort, wie Männer Beziehungen angehen und unterhalten. Sexueller Mißbrauch hat Einfluß auf die Fähigkeit, Beteiligung zu empfinden, anderen zu vertrauen und sich akzeptiert zu fühlen. Eigene Bedürfnisse nach Wärme und Zuneigung sind schließlich mit sexuellem Mißbrauch beantwortet worden.

Weil menschliche Beziehungen für das Opfer meistens Gebrauchsbeziehungen gewesen sind, hat es ein völlig falsches Bild davon entwickelt, wie Menschen soziale Beziehungen angehen. Tatsächlich hat das Opfer keine normalen sozialen Fertigkeiten erlernt. Das rächt sich später in Beziehungen mit anderen Menschen. Bei früheren männlichen Opfern stießen Bolton u. a. (1989) dabei auf folgende unterschiedliche Lebenshaltungen:

a. Der Felsen: der Mann, der sich selbst auf eine Insel plaziert hat. Er hat zwar Beziehungen, aber selten mit wirklich emotionalem Tiefgang. Er hat Mühe, der anderen Person zu vertrauen.

b. Komm nah, aber nicht zu nah: der Mann, der sich selbst andauernd in Schutz nimmt. Er läßt Intimität häppchenweise zu, steht aber Todesängste wegen eventueller negativer Folgen aus.

c. Sich festklammern: der Mann, der verzweifelt auf der Suche nach Liebe und Zuneigung ist und sich festklammert an anderen. Er stellt sich als sehr abhängig hin und hat unrealistische Erwartungen an wichtige Personen aus seiner Umgebung (Frau, Freunde). Er bittet auch andauernd verhüllt oder unverhüllt um Aufmerksamkeit. Er hat oft das Gefühl, abgewiesen zu werden.

d. Es nicht besser verdienen: der Mann, der durch den Mißbrauch so in Verwirrung geraten ist, daß er sich allmählich selbst schuldig fühlt und meint, es nicht besser verdient zu haben. Er glaubt nicht an die Möglichkeit einer guten Beziehung für sich.

e. Hypersexualisierung: der Mann, der Intimität und Sexualität durcheinanderbringt, so daß die Neigung besteht, alle Beziehungen du sexialisieren.

f. Macht und Kontrolle: der Mann, der in Beziehungen Herr über andere sein will. Das kann in Mißhandlung münden, muß es jedoch nicht. Es kann sich auch in milderen Formen äußern.

Natürlich sind das keine einander ausschließenden Formen des Verhaltens. Verschiedene dieser Haltungen können in ein und derselben Person vereint sein.

Vom Opfer zum Täter

In der Fachliteratur über männliche Opfer und insbesondere männliche Täter ist regelmäßig von der Beziehung die Rede, die es angeblich zwischen früher erfahrenem sexuellen Mißbrauch und späterer eigener Täterschaft gibt. In dieser Entwicklung wird die möglicherweise negativste Folge sexuellen Mißbrauchs gesehen. Daten aus der Behandlung von Tätern zeigen an, daß bei diesen regelmäßig eine frühere Erfahrung mit sexuellem Mißbrauch vorliegt.

Es hat den Anschein, daß dieser Sachverhalt für viele Autoren und professionelle Betreuer Anlaß ist, immer den Umkehrschluß zu ziehen, daß männliche Opfer früher oder später dazu übergehen, selbst sexuellen Mißbrauch zu begehen. Vor solchen voreiligen Schlüssen muß nachdrücklich gewarnt werden.

Erklärungen

Verschiedene Autoren machen für den Schritt vom Opferdasein zur Täterschaft vor allem das Gefühl der Machtlosigkeit des Opfers verantwortlich (Friedrich & Luecke, 1988; Summit, 1983; Freeman-Longo, 1986, und Russell, 1984). Selbst sexuellen Mißbrauch zu verüben sei für das Opfer ein Mittel, die eigene Machtlosigkeit und Erniedrigung zu kompensieren. Täterverhalten wird so als eine Manier gesehen, die eigene traumatische Erfahrung zu verarbeiten und das Gefühl der Macht und Kontrolle über die eigene Situation wiederzuerlangen. Dieses Verhalten kann sich schon in sehr jugendlichem Alter herausbilden. Es ist beispielsweise möglich, daß sexuelles (sexuell aggressives) Verhalten von Pubertierenden gegenüber Kindern, beispielsweise einem kleineren Geschwister, hiermit zu tun hat (Friedrich & Luecke, 1988).

Die Art und Weise, in der ehemalige Opfer sexuellen Mißbrauch begehen, zeigt starke Übereinstimmungen damit, wie sie selbst mißbraucht wurden. Der früher erlittene sexuelle Mißbrauch wird gewissermaßen wiederholt oder in der Täterrolle nachgespielt. Rachegefühle gegen den Täter können dabei von Bedeutung sein. Man kann dies als eine Begleichung der Rechnung ansehen, die dem Täter gegenüber nicht mehr beglichen werden kann (Freeman-Longo, 1986; Burgess u. a., 1987). Auch wählen die Täter häufig Opfer des Alters aus, das sie selbst zur Zeit des eigenen Mißbrauchtwerdens hatten (Rogers & Terry, 1984; Freeman-Longo, 1986).

Manche Autoren (Sebold, 1987: Freeman-Longo, 1986) erklären den Schritt zum Täterverhalten auch aus der Verwirrung des Opfers bezüglich der eigenen sexuellen Gefühle. Es hat erfahren, daß auf Nähe und Intimität mit anderen meistens sexueller Mißbrauch folgt. Die eigenen sexuellen Gefühle sind nie recht entdeckt und erkundet worden. Das hat zur Folge, daß viele unrichtige Auffassungen über Sexualität und (sexuelle) Beziehungen entstanden sind. Das Ergebnis kann eine überzogene Aufmerksamkeit sein für alles, was mit Nacktheit und Sexualität zu tun hat, oder das Experimentieren mit dem erlernten Verhalten, wobei das Zwingen anderer zu sexuellem Kontakt zu den Verhaltensmöglichkeiten gehört.

Kritische Randbemerkungen

Über die Beziehung Opferdasein-Täterschaft ist noch nicht sehr viel bekannt. Der Sachverhalt, daß ein Teil der Täter selbst Erfahrungen mit sexuellem Mißbrauchtsein hat, beruht auf Forschungen nach den Ursachen von Täterverhalten. Diese Forschungen beziehen sich auf die eingeschränkte Gruppe von Tätern, die mit der Justiz in Berührung gekommen und zum Teil inhaftiert gewesen sind. Viele Täter bleiben jedoch unbekannt und kommen nicht mit der Justiz in Berührung. Bolton u. a. (1989) zeigen in einer Übersicht, daß der Prozentsatz der früher selbst sexuell mißbrauchten Täter in diesen Studien von 19 bis 80 Prozent variiert, wobei sich die höchsten Prozentsätze auf die inhaftierten Täter beziehen. Darüber hinaus beziehen sich viele Studien auf eine ungemein kleine Zahl von Tätern, deren Aussagen über früheres sexuelles Mißbrauchtsein zudem nicht immer auf ihren Wahrheitsgehalt hin überprüft worden sind. Vor allem die große Gruppe der Opfer, die kein Täterverhalten zeigt, entzieht sich dem Blickfeld. Es ist darum äußerst riskant, bezüglich der Opfer-Täter-Beziehung allzu grobe Generalisierungen vorzunehmen. Man muß achtgeben, daß man damit nicht in eine neue Form der Beschuldigung der Opfer verfällt.

Finkelhor (1984) ist ebenfalls der Meinung, daß die meisten Opfer nicht zum Täterverhalten übergehen. Diese Auffassung teilen Bolton u. a., Lew und Hunter (alle 1989). Viele der männlichen Opfer, die sie in Behandlung hatten, waren in versorgenden Berufen tätig (Lehrer, Sozialarbeiter, Geistliche). Für diese Opfer ergab sich im nachhinein, daß ihre Berufswahl stark mit ihrem Wunsch zusammenhing, andere zu »behüten« oder zu »beschützen«. Viele waren auch inzwischen Vater und wollten gerade nicht, daß ihren Kindern das gleiche widerfuhr, was sie erlebt hatten. Es scheint eine Parallele zu geben mit Forschungen zu Kindesmißhandlung. Dort hat sich nämlich gezeigt, daß es wenig verläßliche Fakten zur Unterstützung der These gibt, daß Eltern, die früher mißhandelt worden sind, jetzt deshalb die eigenen Kinder mißhandelten. Lediglich 14,1 Prozent der Mütter und sieben Prozent der Väter, die früher mißhandelt worden waren, gehen später zu Mißhandlungsverhalten über (Gil, 1970).

Betrachtet man den Täter, muß festgestellt werden,

54

daß man eigentlich äußerst wenig über die Hintergründe und Motive von Jungen und Männern weiß, die sexuellen Mißbrauch verüben. Bis in die siebziger Jahre hinein herrschte die Vorstellung, daß bei sexuellem Mißbrauch der Täter eine abweichende Persönlichkeit habe und sexuell frustriert sei. Es existieren etliche Mythen bezüglich des Täters. So sei der Täter ein Psychopath, ein dem Opfer Unbekannter, zu einer sozial niedrigeren Klasse oder zu einer ethnischen Minderheit gehörend. Aus neueren Untersuchungen (u. a. Draijer, 1988b) ist klar hervorgegangen, daß wir es statt dessen mit »normalen« Männern zu tun haben, zumeist Bekannten des Opfers. Die Auffassung, daß das Täterverhalten sich anstandslos aus unverarbeiteten Jugenderfahrungen ergebe, erweist sich somit als unhaltbar. Es lassen sich mehrere Erklärungen für sexuelle Gewalttätigkeit von Jungen und Männern geben (siehe Damen & Ossen, 1988).

Risiken

Natürlich soll hier nicht geleugnet werden, daß es Täter gibt, die früher sexuell mißbraucht wurden. Ebensowenig soll behauptet werden, daß in der Behandlung von (jugendlichen) Opfern diese Kombination von Opferdasein und Täterschaft unberücksichtigt bleiben solle. Aus den Berichten der professionellen Hilfseinrichtungen für jugendliche Opfer geht hervor, wie dramatisch es ist, wenn diese zugeben müssen, selbst irgendwann auch sexuellen Mißbrauch verübt zu haben.

Andererseits kann eine allzu starke Betonung der Beziehung Opferdasein und Täterschaft:

a. die Aufmerksamkeit von all den »stillen« männlichen Opfern ablenken, die nicht einmal daran denken, zu Täterverhalten überzugehen;

b. dazu beitragen, daß Opfer aus Angst, als Täter ausgemacht zu werden, noch weniger an die Öffentlichkeit
zu treten wagen.

Professionelle Helfer in den Vereinigten Staaten berichten über die diesbezügliche Sensibilität und Angst männlicher Opfer. Manche suchen Hilfe aus Angst, die Kontrolle über ihr (sexuelles) Angezogensein von Kindern zu
verlieren, wobei sie diesen Drang nie in die Tat umgesetzt
haben (Hunter, 1989; Bolton u. a., 1989).

Unterstützung

Manche Opfer sexuellen Mißbrauchs kämpfen mehr mit
Problemen als andere. Das hat nicht nur mit der Art des
erlittenen Mißbrauchs und den zuvor in diesem Kapitel
besprochenen Faktoren zu tun, sondern auch damit, wie
die Erziehenden mit der sexuellen Entwicklung des Kindes umgehen und wie sie auf das Bekanntwerden des sexuellen Mißbrauchs des Kindes reagieren.

Von Eltern darf erwartet werden, daß sie die sexuelle
Entwicklung ihres Kindes mit einer unterstützenden, für-
sorglichen und informativen Haltung begleiten. Auf
Wünsche des Kindes, mehr über Sexualität zu erfahren,
sollte eingegangen werden. Eltern können durch ihre Reaktionen eine positive sexuelle Entwicklung stimulieren
oder eben auch verhindern. Besonders von Jungen wird
oft zu selbstverständlich erwartet, daß sie bereits viel
über Sexualität wüßten. Es ist auffallend, daß viele Jungen sich dennoch ein falsches Bild von ihren eigenen sexuellen Sehnsüchten machen und sich nur schwer vorstellen können, was Sexualität für Mädchen bedeutet.

Eltern, die selbst eine ängstliche bis abweisende Haltung gegenüber allem einnehmen, was mit Sexualität zu tun hat, reagieren entsprechend auch auf Fragen des Kindes. Für das Kind kann das bei der Entdeckung der eigenen Körperlichkeit und Sexualität zu Schuldgefühlen führen.

Eltern können ein Kind auch mit sexuellen Informationen versorgen, die überhaupt nicht auf das Fassungsvermögen eines Kindes abgestimmt sind. Wenn ein Kind keine oder falsche Informationen bekommt, lernt es nicht, sexuellen Gefühlen den richtigen Platz zu geben. Dadurch ist es nicht sensibel für Situationen, in denen ein erwachsener Mensch seine Grenzen überschreitet. Und genau das ist wichtig, um sexuellen Mißbrauch zu verhindern.

Sexuell mißbraucht zu werden ist eine vernichtende Erfahrung. Wenn die Eltern das Geschehene frühzeitig erkennen und ihr Kind bei der Verarbeitung des Traumas unterstützen, kann das die Schwere der Folgen eindämmen. Doch kommt es häufig vor, daß einer oder beide Elternteile aus Schrecken oder Angst das Geschehene so schnell wie möglich vergessen wollen und nicht oder kaum mit dem Kind darüber reden. Angst vor Reaktionen aus Verwandtschaft, Bekanntenkreis und Nachbarschaft, Angst vor eventuellen Repressalien von Täterseite und Angst vor dem Auseinanderbrechen der Familie spielen dabei eine Rolle. Eine solche Haltung bietet dem Opfer wenig Unterstützung, besonders, wenn dem Kind obendrein noch vorgeworfen wird, es habe nicht gut achtgegeben. Im schlimmsten Fall wird das Opfer gar noch beschuldigt, den Mißbrauch selbst provoziert zu haben.

Wenn den Gefühlen des Kindes nicht die gebührende Aufmerksamkeit zuteil wird, kann der sexuelle Mißbrauch für das Kind auch nicht zur Vergangenheit gehören. Der Verarbeitungsprozeß wird unvollständig sein oder überhaupt nicht stattfinden.

Die Eltern und die direkte Umgebung können das mißbrauchte Kind besser unterstützen, indem sie ihm den Raum geben, die Erfahrungen in Worte zu fassen und zu erleben. Dabei ist es von größter Wichtigkeit, daß sie das Kind wissen lassen, daß es keine Schuld an dem sexuellen Mißbrauch hat und sich nicht zu schämen braucht. Von großer Wichtigkeit ist ebenfalls, daß das Kind spürt, daß die Eltern es nicht abweisen werden, was immer auch geschehen ist. Dazu braucht es auch die Fähigkeit, offen über Sexualität und die dazugehörigen Werte und Normen zu reden. Für viele Menschen ist das nicht einfach. Es kann deshalb wichtig sein, dabei auf professionelle Unterstützung zurückzugreifen.

Zum Schluß

Die Folgen sexuellen Mißbrauchs sind für Jungen wie für Mädchen schwerwiegend. Zum Teil gleichen sie sich, zum Teil unterscheiden sie sich auch bei Mädchen und Jungen. Sie unterscheiden sich namentlich dort, wo sie mit den spezifischen Anforderungen zusammenhängen, die an das jeweilige Geschlecht gestellt werden.

Darüber, was die Folgen speziell für Jungen sind, ist noch nicht viel bekannt. Es wird Zeit, dies genauer zu untersuchen. Wie sich sexueller Mißbrauch in einer Reihe individueller Fälle auswirkt, ist im folgenden Kapitel nachzulesen.

4. Sechs Interviews:
Männer melden sich zu Wort

Einleitung

Von Anfang an schien es ein guter Gedanke, in diesem Buch auch die Opfer sexueller Gewalt selbst zu Wort kommen zu lassen. Schließlich sind es ihre Erfahrungen, die bisher kaum in die Öffentlichkeit drangen. Ihnen selbst das Wort zu übergeben war jedoch leichter gesagt als getan.

In der Praxis erwies es sich als schwierig, männliche Opfer zu finden, die bereit waren, anderen Menschen als ihrem Partner, ihrem Freund, ihrer Freundin oder dem Therapeuten gegenüber etwas von ihren Erfahrungen preiszugeben. An sich ist das nicht verwunderlich. Die im ersten Kapitel besprochenen Mechanismen, welche bewirken, daß Männer über diese Erfahrungen nicht reden, haben noch immer Gültigkeit.

Trotzdem meldeten sich nach einiger Zeit spontan einzelne Männer. Sie hatten über verschiedene Ecken von dem Buchvorhaben gehört. Zu anderen Männern entstand der Kontakt über deren Therapeuten. Zwei Männer haben sich anläßlich eines Vortrags zum Thema gemeldet. Insgesamt kam es mit fünfzehn Männern zu Gesprächen. Sechs von ihnen gaben schließlich ihre Zustimmung zur Veröffentlichung ihrer Aussagen.

Mit den meisten Männern fand mehr als ein Gespräch statt. Trotz der Vereinbarung, daß es um ein Interview gehen würde und nicht um ein therapeutisches Gespräch, gab es oft Unterbrechungen, weil das Gesagte zu viele

Erinnerungen und Gefühle heraufbeschwor. Es brauchte Zeit, die Konfrontation mit bestimmten Ereignissen wieder zulassen zu können. Meistens gelang es nicht, länger als anderthalb Stunden hintereinander bei diesen Erfahrungen zu verweilen.

Trotz guter Vorbereitung auf das, was möglicherweise in diesen Gesprächen zutage treten würde, erwies sich doch jedes Interview als äußerst konfrontierend. Die Gespräche selbst verliefen zwar gut, riefen jedoch eine Vielzahl von Gefühlen wach. Es war eine Mischung aus Ungläubigkeit, was Menschen einander antun, aus Trauer und Wut.

Die Gespräche haben meine Vorstellungen über Männer, Gewalt, Intimität und Sexualität sehr beeinflußt und korrigiert. Die Erzählungen illustrierten gewissermaßen am lebenden Objekt die Folgen von Männlichkeitsmythen, wie sie im ersten Kapitel beschrieben wurden.

Jeder der hier interviewten Männer verlangt uns Respekt ab; einerseits wegen des Mutes, die eigene Geschichte zu erzählen, und darüber hinaus wegen der mutigen Art, in der alle diese Männer immer wieder versuchen, ihr Opferdasein hinter sich zu lassen.

Bis auf einen einzigen Mann, Will van der Cour, entschieden sich alle Interviewten dafür, anonym zu bleiben.

PIETER

Als Fünfzehnjähriger ist Pieter von einer Lehrerin seiner Mittelschule sexuell mißbraucht worden. Jetzt ist er 31 Jahre alt und wohnt in einer großen Stadt im Norden der Niederlande. Er ist verheiratet, hat keine Kinder. Er arbeitet als Gruppenleiter in einer Anstalt.

Was ist geschehen?
Ich finde es sehr schwierig, das in Worte zu fassen, denn
bei Männern und Jungen gibt es dafür keinen Namen. Ich
selbst finde, daß mit mir unerwünschte Intimitäten passiert sind. Mein Heranwachsen vom Jungen zum Mann ist
gestört worden, weil jemand mich über die Grenze gezogen hat, mir nicht mehr die Möglichkeit gelassen hat, allmählich in eine erwachsene Sexualität hineinzuwachsen.
Ich war noch nicht soweit. Was für einen Namen soll ich
dem geben? Das macht es für mich auch schwierig zu erzählen, in welcher Ecke ich stehe. Bin ich vergewaltigt
worden? Hat man sich an mir vergangen? Diese Worte
assoziiere ich mit einem männlichen Täter, und in meinem Fall ist es eine Frau gewesen. Das hat es mir immer
schwer gemacht, davon zu reden.

Als ich fünfzehn war, habe ich in den Gedanken nicht
zugelassen, es nicht gewollt zu haben. Ich schämte mich,
und meine Wut war auf mich selbst gerichtet anstatt auf
Thea. Viele Gefühle von Ohnmacht. Wie hatte ich in einer solchen Situation um Gottes willen einen Steifen bekommen können? Mein Körper hat das Entgegengesetzte
von dem getan, was ich wollte.

Ich ging auf die Mittelschule und suchte ein Zuhause
neben meinem Elternhaus, wo sich alles um die Krankheit meines Vaters drehte. In der Schule schenkte mir irgendwann eine Lehrerin ihre besondere Aufmerksamkeit. Sie begünstigte mich bei der Notengebung; ich
bekam gute Noten für Klassenarbeiten und Referate, obwohl ich wußte, daß ich sie nicht verdient hatte. Ich
mißtraute ihrem Verhalten Jungen und Männern gegenüber. Sie versuchte immer zu gefallen. Sogar für abge-
schriebene Referate in einer Sprache, die nie die meine
sein konnte, bekam ich gute Noten. Ich fand das zwar
praktisch, aber auch verdächtig. Ich war ein Junge mit einer ziemlich großen Klappe. Eine Reaktion auf meine Situation daheim, denke ich. So eine Art Versteckspiel: Mir

konnte nichts etwas anhaben. Viele ihrer Unterrichtsstunden handelten von Sexualität. Wir trauten uns eigentlich noch kaum, darüber zu reden, aber wir konnten mit dem Thema Zeit schinden.

Diese Lehrerin hatte ein Mädchen aus einem Internat zu sich ins Haus genommen. Deshalb dachte ich, sie müsse wohl ein guter Mensch sein und Jugendliche verstehen. Ich war mit diesem Mädchen befreundet. Wenn wir daheim bei dieser Lehrerin waren, wurden wir immer in eine Erwachsenenrolle gezwungen. Wir mußten dann mitreden über ihre Scheidung, über ihre Sexualität und die Sexualität ihrer Kollegen, die mit anderen Kollegen vögelten. Eine kleine Gruppe von Schülern wußte auch, daß Lehrer mit Jugendlichen vögelten. Wir konnten mit dieser Information nichts anfangen. Zum Rektor gehen konnten wir nicht, weil der es auch mit Jugendlichen trieb. Da war ein richtiges Netz gesponnen in dieser Schule. Ich wußte davon und hatte das Gefühl: »Ohne mich, das passiert mir nicht.« Mädchen und Jungen, die von Lehrern gegriffen wurden, trauten sich nicht zu reden. Um sie herum hing eine gewisse Spannung. Wir hielten diese Informationen geheim. Wenn wir miteinander darüber redeten, wurde das als Intimsache angesehen, die man nicht weitererzählte; Drohung steckte dahinter. Nicht nur Mädchen waren Opfer, sondern auch Jungen. Manche Lehrerinnen betrachteten Jungen als Freiwild. So wurdest du angesehen. Es herrschte eine Atmosphäre, in der das Alter angeblich keine Rolle spielte.

Ich finde es einschneidend, so davon zu erzählen ... Einer der Tricks war, Schüler auf »die gleiche Ebene« zu ziehen. Wenn Erwachsene mit einem redeten wie mit einem Erwachsenen, konnte man nicht so einfach zugeben, daß man nicht kapierte, wovon sie sprachen. Es schmeichelte einem, so »vollwertig« mitreden zu dürfen. Besonders wenn es um Sexualität ging, traute man sich nicht zu sagen, daß man noch längst nicht alles wußte. Dann war man ein Junge, der spielt, ein Erwachsener zu sein. Ein Erwachsener muß das doch recht bald durchschauen. Die Jungen in der Klasse sprachen untereinander von Sexualität, als ob sie schon jede Menge Erfahrungen hinter sich gebracht hätten. Niemand wagte das beim andern zu bezweifeln, weil alle Angst hatten, sich selbst zu verraten. Fast niemand hatte bisher gevögelt. Ich dachte aber, ich sei einer der letzten.

Wenn Erwachsene über Sexualität sprachen, tat man, als sei man darin ein Fachmann. Die Erwachsenen, die sich Kinder griffen, sagten, wir wären viel reifer für unser Alter, als sie das früher gewesen seien. Ein Unsinn, der öfters von Tätern behauptet wird.

Eines Abends ging ich zu Besuch zu dem Mädchen, das bei Thea, der Lehrerin, wohnte. Sie war aber nicht zu Hause. Theas Haus war für mich sehr wichtig. Es war gewissermaßen ein Zufluchtsort neben meinem Elternhaus. Thea lud mich zu einem Bier ein. Es hing eine ungute und für mich bedrohliche Atmosphäre in der Luft. Aus Unsicherheit und Neugier versteifte ich mich auf eine Macho-Haltung. Sie wurde sehr körperlich, hielt mich fest und fing an mich zu küssen, so als sei ich der beste Freund des Hauses. Ich fühlte mich überrumpelt. Als ich mich auf die Couch setzte, dimmte sie das Licht und setzte sich ganz eng neben mich. Ich sagte dazu nichts, es war ja letztendlich ihr Haus. Sie steuerte das Gespräch langsam in Richtung Sexualität und erzählte mir, wie reif ich doch sei für mein Alter. Sie fing an, über ihre letzte Ehe und ihre Beziehungen danach zu reden. Mir wurde ganz blümerant, aber ich gab mir den Anschein, als sei ihre Geschichte für mich die normalste Angelegenheit dieser Welt. Ich wagte nicht zu sagen, daß ich es unheimlich fand und daß ich eigentlich gehen wollte. Das hätte das Image zerstört, das ich aufgebaut hatte. Sie wurde immer körperlicher und fing an, mit mir Liebe zu machen. Ich traute mich nicht zu sagen, daß ich nicht wollte. Sie gab mir Anweisungen, wie ich es tun sollte. Sie nahm mich mit nach oben, in ihr Schlafzimmer. Ich hatte das Gefühl, in keine Richtung mehr ausweichen zu können. Ich ging hinter ihr die Treppe hoch. Es schien, als bezahlte ich den Preis für meine eigene Haltung.

Heute weiß ich, daß sie mich in diese Situation hineinmanipuliert hat. Damals gab ich mehr mir selbst die Schuld: Was mußte ich auch so ein großes Mundwerk haben. Sie zog sich aus und erzählte, wie sie es mit anderen Männern getan hatte. Mit gespielter Gelassenheit zog ich mich aus. Ich fand sie nicht schön, die ganze Situation war für mich abstoßend. Ihre Art zu vögeln war besitzergreifend und nötigend. Ich kam mir vor wie ein Gebrauchsgegenstand. Ich weiß, daß ich irgendwann wie nicht mehr in meinem Körper gesteckt habe. Wenn ich darauf zurücksehe, habe ich in diesem Augenblick mein Gefühl völlig ausgeschlossen, so als sei ich nicht da gewesen. Ich dachte: Wenn ich fertig werde, habe ich es hinter mir, dann kann ich weg, bin ich frei. Ich hätte ebensogut ihr Vibrator sein können.

Ganz verwirrt und weinend bin ich abends nach Hause geradelt. Ich fühlte mich schmutzig. Es war spätabends, und so bekam ich daheim noch Ärger, weil ich unter die Dusche gegangen bin und meine Eltern damit aufgeweckt habe. Ich konnte nicht erklären, was los war. Ich war sehr verwirrt und hatte das Gefühl, hereingelegt worden zu sein. Ich empfand Ohnmacht und Angst, niemand durfte hinter das hier kommen. Ich schämte mich, daß ich nicht gewagt hatte, nein zu sagen. Es war ein Geheimnis, das ich möglichst weit wegdrücken wollte.

Danach fing Thea an, mich zu bewachen. In jeder freien Stunde in der Schule sorgte sie dafür, daß sie mit mir in Berührung kam. Das Mädchen bei ihr daheim wußte, daß ich bei Thea im Bett gelegen hatte, also legte ich mir so eine »Na und«-Haltung zu. Thea schaute inzwischen regelmäßig auf ihrem Mofa bei meinen Eltern vorbei. Ich fühlte mich immer stärker beobachtet. Sie befürchtete wahrscheinlich sehr, daß ich darüber reden würde, aber ich hatte zu große Angst, mit anderen darüber zu sprechen. Ich kam immer noch regelmäßig zu Thea nach Hause, ich wollte etwas besprechen, traute mich aber nicht. Ich lehnte mich selbst ab. Es war verwirrend; ich bin nämlich auch zurückgegangen, um zu sehen, ob etwas Gutes in ihr war, ob ihr wirklich an mir gelegen war. Und ich fühlte mich schuldig, aber warum sollte ich mich schuldig fühlen?

Das Bewachen hat noch über die Mittelschule hinaus angedauert. Ich habe danach mehr als sechzehn Jahre lang mich selbst abgelehnt und Erwachsenen mißtraut. Ich wagte nicht, Beziehungen einzugehen, weil ich Angst hatte, abgewiesen zu werden oder mir Schmerzen einzuhandeln. Ich wollte unattraktiv wirken, so daß die Leute nicht in meine Nähe kamen. Ich ließ mir die Haare wachsen und trug alte Klamotten. Ich nahm viel Drogen und tat Menschen, die mir nahestanden, oft weh. Ich ließ ihnen keinen Raum, so daß niemand mich berühren, niemand an mein innerstes Ich kommen konnte.

Mit achtzehn bin ich von zu Hause fortgelaufen, nach dem Tod meines Vaters. Oft war ich stoned, betrunken und rebellisch. Ich grenzte mich gegen die Erwachsenen ab, die waren für mich nicht vertrauenswürdig. Auch hatte ich Angst vor intellektuellen Frauen und Frauen mit Macht. Ich verglich sie rasch mit Thea. Filme über Inzest oder sexuellen Mißbrauch konnte ich mir nicht gut anschauen. Einmal stand in dem Abspann eines solchen Films: »Alle Männer sind potentielle Vergewaltiger«. In dem Saal waren nur Frauen. Ich war der einzige, der deswegen böse wurde, ich war nämlich von einer Frau gegriffen worden!

Du gingst zu Thea nach Hause, weil du einen Zufluchtsort gebraucht hast. Weshalb brauchtest du das?
Ich bin der Jüngste und habe ältere Schwestern. Unsere

Jugend wurde beherrscht durch die Krankheit meines Vaters, eine Muskelkrankheit. In regelmäßigen Abständen war er ganz gelähmt. Er war ein autoritärer Mann, der alle Macht an sich zog. Mit mir redete er nie über seine Krankheit, das hielt er für Gejammer. Alle Energie in der Familie ging zu meinem Vater. Oft lag er ein Jahr lang im Krankenhaus, dann fiel die Rolle des Mannes im Haus an mich. Meine Mutter ging ein- oder zweimal täglich ins Krankenhaus. Wenn er zu Hause war, sorgte meine Mutter für die Häppchen und Getränke für den Besuch, doch an den Gesprächen durfte sie oft nicht teilnehmen. Mein Vater sagte dann: »Meinst du, du hättest wirklich etwas zu melden?« Wir als Kinder durften die schmutzige Wäsche nicht in der Öffentlichkeit waschen. Wenn ich etwas ausgefressen hatte, taten die Erwachsenen, als treibe ich meinen Vater eigenhändig ins Grab. Zu Hause stand ich meinen Schwestern und meiner Mutter zur Seite, wenn sie weinten. Alle fanden meinen Vater phantastisch. Meine Mutter war »tapfer«; meine Schwestern und ich taten, als sei es daheim sehr gemütlich.

Wenn mein Vater aus dem Krankenhaus kam, mußte ich wieder Kind sein, dann wurde über nichts mehr gesprochen; wir sollten ja eine unbesorgte Jugend haben. Darum konnten wir zu Hause nur schwer über unsere Probleme sprechen. Wir haben daheim zwar gelacht, aber eher als Reaktion auf die vorhandenen Spannungen. Es war eine Art Überlebensstrategie.

Wie blickst du heute auf deine Jugend zurück?
Als eine schlechte Jugend mit ab und zu schönen Augenblicken. Früher habe ich gesagt: »Eine schöne Jugend mit störenden Augenblicken.« Mein Vater war eine wandelnde Apotheke, jeder Tag konnte der letzte sein. Deshalb hatten wir uns daheim eine bestimmte Haltung zugelegt: Für heute wollen wir es uns gemütlich machen. Das hat unsere Gefühle ziemlich stark gebremst. Ich habe meinen

Vater nie weinen sehen. Er weinte zwar bei meiner Mutter, aber nicht, wenn die Kinder dabei waren.

Wir waren zu Hause nicht reich, die Medikamente und Krankenhausaufenthalte verschlangen das Geld, aber nach außen hin zeigte sich mein Vater anders. Er wirkte eher wie ein Großgrundbesitzer mit Jagdhund, auch wenn wir keinen Pfennig mehr hatten. Ich denke, daß ich davon eine Marotte übrigbehalten habe, nämlich mich stärker zu geben, als ich bin. Momentan habe ich ein ausgezeichnetes Verhältnis zu meiner Mutter, und ich kann gut mit ihr reden. Ich habe ihr nie von Thea erzählt. Ich möchte es ihr auch nicht erzählen, weil ich wirklich der Meinung bin, daß sie genug durchgemacht hat. Es ist für sie unbegreiflich, weshalb ich nach Thea so ein enormes Arschloch gewesen bin. Sie denkt noch immer, das sei eine Reaktion auf die Lage daheim gewesen. In ihrem Erleben ist diese Erklärung ausreichend. Sie hat die Vergangenheit hinter sich gelassen und wohnt jetzt mit einem wunderbaren Mann zusammen.

Wann hast du begriffen, daß du ein Opfer warst?
Vor einem Jahr habe ich acht Monate mit einem Nervenzusammenbruch zu Hause verbracht. Bei meiner Arbeit als Gruppenleiter in einem Internat hatte ich lauter Signale aufgeschnappt, die für mich eindeutig waren, nicht aber für die Kollegen. Kinder wurden dort von Erwachsenen mißbraucht. Es waren mehr als zwanzig Kinder, sowohl Jungen als auch Mädchen, die von einigen Mitgliedern des Personals mißbraucht wurden. Da kam meine eigene Vergangenheit wieder hoch. Ich fühlte mich verpflichtet, den Kampf jetzt aufzunehmen, um so mehr, als ich Thea nie angeklagt hatte. Ich blockierte und hatte einen Nervenzusammenbruch. Die erste Reaktion vieler Erwachsener einem Kollegen gegenüber, der Jungen sexuell mißbrauchte, war Mitleid mit diesem Gruppenleiter. Sehr wenige Kollegen haben sich aktiv auf die Seite die-

ser Jungen gestellt. Auch war es für viele Gruppenleiter und -leiterinnen sehr schwierig, mit Jugendlichen über sexuellen Mißbrauch zu reden. Viele erkannten das Netz nicht, das langsam um diese Jungen gesponnen worden war. Letzteres war für mich eine schockierende Wiederholung dessen, was ich durchgemacht habe.

Mit einer kleinen Gruppe von Kollegen haben wir darauf hingearbeitet, daß die Erwachsenen, die Jugendliche mißbrauchten, entlassen wurden. Es waren nicht nur Männer, die Jugendliche mißbrauchten, auch eine Frau war dabei. Sie machte Oralverkehr mit Jungen aus ihrer Gruppe. Diese Jungen haben damit noch immer Schwierigkeiten und können hierüber nur schwer mit Altersgenossen und Erwachsenen reden. Ich kenne die Isoliertheit dieser Jungen. Sie »müssen« es den bestehenden Vorurteilen entsprechend schön finden, mit einer älteren Frau sexuellen Kontakt zu haben, auch wenn es gegen ihren Willen geschieht. Bei einer Erzieherin, die einen Jüngeren mißbraucht, obwohl sie weiß, wie die Machtverhältnisse liegen, kann von einer Beziehung nicht die Rede sein. Es ist immer Machtmißbrauch. Wir wissen, daß es strafbar ist, aber immer gab und gibt es Menschen, die selbst Richter spielen und die Angelegenheit vertuschen wollen. Viele Kollegen fanden es schlimm, daß ich mithalf, die Karriere dieser Kollegen zu ruinieren.

In dieser Zeit wagte ich es noch nicht, mich selbst als Opfer zu bezeichnen. Als ich mit dem Nervenzusammenbruch zu Hause saß, hatte ich Probleme mit einer ganzen Menge von Dingen. Ich fühlte mich ohnmächtig, niedergeschlagen, hatte körperliche Beschwerden und war handlungsunfähig. Ich hatte das Gefühl, die Kontrolle über mich verloren zu haben. Worüber ich auch nachdachte, es endete in einem unbestimmten, unglücklichen Gefühl. Da bin ich in Therapie gegangen. In Therapie zu gehen hat bedeutet, daß ich zum ersten Mal etwas für mich selbst tat.

Hast du in der Therapie einen besseren Einblick in das erhalten, was mit dir geschehen ist?
Ja. In mein gegenwärtiges Verhalten und in den Schmerz von damals. In der Vergangenheit habe ich Erwachsenen mißtraut, weil eine Erwachsene mich mißbraucht hat und weil Erwachsene mir keine Sicherheit gegeben haben. Die Erwachsenen haben mir keine Möglichkeit geboten, mit meinem Gefühl umzugehen und zu lernen, mich zu äußern. Noch immer bin ich Menschen gegenüber schnell mißtrauisch, aber ich experimentiere zunehmend. Es gibt jetzt viele Leute, die ich nett finde und die ich liebhabe. Ich traue mich, mehr von mir zu zeigen. Ich unternehme mehr mit Leuten und bleibe nicht mehr so sehr im Abseits. Durch die Therapie habe ich angefangen, von mir selbst zu erzählen, vorher habe ich immer nur Verständnis für anderer Leute Geschichten und Probleme gehabt und ihnen zugehört. Das war so schön sicher. Ich hatte eine Art Helfersyndrom, weil ich kaum wagte, anderen zu vertrauen. Jetzt habe ich den Mut, von mir selbst zu reden; von den Dingen, die ich unheimlich, unangenehm oder beängstigend finde.

Empfanden Leute es als störend, so wenig Zugang zu dir zu haben?
Ich benutzte die Strategie des Angriffs als der besten Verteidigung. Ich bin verbal ziemlich stark. Wenn mir also jemand zu nahe rückte, parierte ich die Fragen und lenkte diese auf ein anderes Thema. Ich verstärkte meine Isolation durch die Ausstrahlung, daß ich es zwar erklären könne, daß der andere es aber doch nicht kapieren würde, also könne ich es auch sein lassen. Wovon ich noch nicht frei bin, ist, daß ich bestimmte Emotionen nur sehr schwer zeigen kann, wenn andere Menschen dabei sind, etwa böse werden und weinen. Die Wut bleibt drinnen, und wenn ich betrübt bin, weint nur mein Körper. Weil ich meine Emotionen nicht gezeigt habe, bekamen die Leute den

Eindruck, ich sei eine starke Persönlichkeit. Jetzt kann ich mich auch schwach zeigen, und das wird immer mehr meine Kraft. Auch auf der Arbeit rede ich jetzt von Sachen, die mir danebengehen oder die ich noch nicht kann. Kollegen haben das Gefühl, mich besser kennenzulernen, und haben auch Wertschätzung für das, woran ich arbeite.

Du hast jetzt eine Beziehung, wie läuft das?
Ich wohne seit zehn Jahren mit der Frau zusammen, mit der ich jetzt verheiratet bin. Sexualität ist für mich ein Bestandteil von Geborgenheit, Sicherheit und dem gegenseitigen Genuß am Körper des anderen. Wir haben gelernt, Liebe auf eine Weise zu machen, bei der wir beide voneinander wissen, daß es uns gefällt. Ich habe auch nur deshalb eine Beziehung mit ihr eingehen können, weil ich mich in sie verliebt habe und nicht sie sich in mich. Ich habe hart darum gekämpft, weil ich sie wollte, aber sie mich nicht. Es war für mich anziehend, daß jemand mich nicht wollte. Das klingt seltsam, aber ich wollte die Situation in der Hand behalten, mich nicht überrumpeln lassen. Sie war für mich nicht bedrohlich. Sie ist sehr offen, sagt, was sie fühlt und denkt, und dadurch konnte sie mir eine Menge Dinge beibringen.

Und deine Haltung gegenüber anderen Frauen?
Ich empfinde Frauen oft als bedrohlich. Ich finde es sehr unangenehm, wenn sie mich anfassen. Ich habe sehr schnell die Haltung: Was willst du von mir? Ich gebe mich verbal sehr stark, um eine bestimmte Distanz zu schaffen. Meine beste Freundin ist eine Frau, die selbst mißbraucht worden ist. Wir haben ein sehr gutes Gespür füreinander. Aber im allgemeinen bleibe ich sehr auf der Hut, was ich manchmal als äußerst störend empfinde, weil es jede Spontaneität blockiert.

Wie hat deine Therapie gewirkt?
Ich habe mich bewußt dafür entschieden, zu einer Frau in Therapie zu gehen, um über Ängste hinwegzukommen, die lediglich mit einer Frau zu tun hatten. Diese Ängste haben mich in der Vergangenheit gehindert, auf normale Weise mit Frauen umzugehen. Ich habe immer reagiert wie eine Harke. Ich hatte die starke Neigung, Frauen als bedrohlich zu erfahren. Ich war immer mit Überlebensmechanismen beschäftigt, immer wieder habe ich versucht, alles unter Kontrolle zu halten, so etwas frißt Energie.

In der Therapie haben wir uns damit beschäftigt, eine Einordnung meiner Vergangenheit daheim und meiner Erfahrung mit Thea zu bewerkstelligen, weil das in demselben Zeitraum stattfand und sich überschnitt. Ich hatte ein starkes Bedürfnis, über meine Vergangenheit und über Thea zu reden. Es ist nämlich nicht eine Geschichte aus der Vergangenheit, sondern eine immer wiederkehrende Angst in heutigen Situationen, dadurch kann man unerschöpflich darüber reden. Auch hatte ich Schwierigkeiten, mit Männern über meine Vergangenheit zu sprechen. Ich hatte Angst, abgewiesen zu werden, genau wie ich mich selbst jahrelang abgewiesen hatte. Ich habe gelernt zu trennen zwischen meinen Problemen und den Problemen anderer Leute. Daneben habe ich akzeptiert, daß die Verarbeitung all dessen, was ich in meiner Jugend durchlebt habe, lange dauert und daß ich mir dazu Zeit nehmen darf. Ich stehe besser für mich und mein Gefühl ein, indem ich es ausspreche. Ich buche mich auch nicht mehr zu hundert Prozent mit Arbeit aus, um Probleme vor mir herzuschieben. Ich habe gelernt, wie ich mich entladen und wie ich mit meiner Energie umgehen kann. Aber das Schönste war, daß jemand bereit war, mir jede Woche eine Stunde lang zuzuhören. Ich habe meine Therapie als einen enormen Luxus erfahren.

Was sind deine Erfahrungen mit professionellen Hilfsein-richtungen?

Als ich mit achtzehn von zu Hause fortgelaufen bin, bin ich zu einem Sozialarbeiter gezogen. Der hat meine Signale in bezug auf Thea nicht aufgegriffen. Ich wagte es auch nicht, deutlicher zu werden, aus Angst vor Ablehnung. Es gab damals – ebensowenig wie heute, soviel ich weiß – keine Organisationen, die sich mit sexuellem Mißbrauch von Jungen beschäftigten. Ich war sehr eifersüchtig auf Frauenorganisationen, die das besser arrangiert hatten. Männer müssen auch lernen zu erfahren, daß sie nicht allein mit dieser Problematik sind. Noch immer leben zu viele Männer und Jungen dadurch in Isolation. Professionelle Helfer wagen es häufig nicht, über sexuellen Mißbrauch zu reden. Sie haben oft die Vorstellung, ein gutes Gespräch sei ausreichend, wo doch der Verarbeitungsprozeß Jahre dauert. Durch so ein kurzes Gespräch fühlst du dich meist erst recht im Stich gelassen. Eine legitime Emotion für Männer ist es, böse zu werden. Aber bevor du böse wirst, ist schon eine Menge passiert. Du fühlst dich im Stich gelassen und mit Füßen getreten. Du möchtest am liebsten in den Erdboden versinken. Männer müssen den Freiraum bekommen, zu untersuchen, was vor diesem Bösesein liegt, sonst bleiben sie darin stecken. Es entstehen Blockaden in dir selbst. Ich hatte Angst, nicht mehr aus alledem herauszufinden, Angst vor dem tiefen Schmutz, Angst, verrückt zu werden.

Durch gute professionelle Hilfe kann man eine andere Sicht seiner selbst bekommen. Man kann lernen, anders über sich selbst zu denken. Noch immer werde ich nahezu täglich mit der Vergangenheit konfrontiert, aber ich kann jetzt immer besser damit umgehen.

WIM

Wim wohnt in einem Dorf im Norden der Niederlande.
Von seinem neunten Lebensjahr an ist er vier Jahre hin-
durch von einem fünf Jahre älteren Vetter aus demselben
Dorf mißbraucht worden.

Ich bin der mittlere aus einer Familie mit neun Kindern.
Ich habe fünf Schwestern und drei Brüder. Meine jüngste
Schwester ist geistig behindert. Das hat viel von der Aufmerksamkeit meiner Eltern beansprucht. Die anderen
Kinder und ich sind dadurch um sehr vieles zu kurz gekommen. Mein Vater war Arbeiter in einer Fabrik. Im
Krieg ist er verraten und in ein Konzentrationslager gesteckt worden. Aus der Zeit hat mein Vater eine chroni-
sche Krankheit davongetragen. Er war sehr oft krank,
und er war sehr verschlossen. Er spielte sehr wenig mit
uns, seinen Kindern, erzählte wenig. Er mußte hart arbeiten, um das Brot auf den Tisch zu bringen. Ich kann mich
noch erinnern, daß er auch am Sonntagmorgen arbeiten
mußte. Wenn wir aus der Kirche kamen, war mein Vater
noch nicht daheim. Wenn er nach Hause kam, wurde gegessen, und nachmittags ging es wieder zur Kirche. Wenn
wir dann zurückkamen, lag mein Vater in seiner Arbeits-
kleidung im Sessel und schlief. Der Mann hat eigentlich
nie Zeit für uns gehabt. Meine Mutter spielte im Haus also eine zentrale Rolle. Sie verwaltete das Geld, sie be-
stellte Kohlen für die kalte Jahreszeit, und im Winter
sorgte sie dafür, daß der Keller voller Kartoffeln war. Das
konnte sie auch ausgezeichnet. Eigentlich unvorstellbar,
was sie alles getan hat. Meine Mutter spielte auch noch
eine andere Rolle, sie hat uns erzogen. Wenn es ein Problem gab, wurde mit ihr darüber gesprochen, und dann
ging meine Mutter damit zu meinem Vater. Aber meine
Mutter war diejenige, die sich mit dem betreffenden Kind
an den Tisch setzte, um zu reden – über die Wahl der

Schule, das, was einer ausgefressen hatte, über Finanzen und später auch über die Wahl einer Arbeit. Darüber sprach mein Vater mit uns nicht, er war aber informiert.

Als es anfing, war ich ungefähr neun Jahre alt, und mein Vetter war ungefähr fünfzehn. Seine Eltern waren immer bei der Arbeit, Tag und Nacht, auch an Samstagen. Sonntagfrüh gingen sie zur Kirche und Sonntagnachmittag machten sie die Buchhaltung. Es war also keine Zeit für die Kinder. Die Folge war, daß er und sein Bruder und in geringerem Maß seine Schwestern bei uns daheim ein- und ausgingen. Unser Haus war gewissermaßen ein Haus der offenen Tür. Es wurden Spiele gemacht und sonstwie gespielt und gestritten, genau wie in jeder anderen Familie.

Im Vorzimmer stand ein quadratischer Tisch, über dem lag eine lange Decke. Wir spielten Karten und reichten uns gegenseitig heimlich Karten unter dem Tisch weiter. Das tat ich auch bei meinem Vetter. Bis ich irgendwann keine Karte in die Hand bekam, sondern einen erigierten Penis. Er schloß seine Hand über meiner Hand. Dieses erste Mal vergesse ich nie mehr. In dem Augenblick ist etwas in mir kaputtgegangen. Das ist mir fünfundzwanzig Jahre später erst richtig klargeworden. Was es genau war, weiß ich nicht. In meinem Kopf passierte etwas ganz Seltsames, etwas ganz Schlimmes, etwas Unbegreifliches, Schockierendes. Und er bewegte meine Hand, so daß ich gezwungen wurde, ihn zu masturbieren, darauf lief es hinaus. Von dem Augenblick an war ich nicht mehr derjenige, der ich gewesen bin. Das war schon sofort beim ersten Mal so, und ich bekam Angst vor ihm. Er suchte mich immer wieder auf, und das habe ich immer sehr merkwürdig gefunden. Ich konnte darüber mit niemandem reden. Ich traute mich das auch überhaupt nicht. Ich weiß nicht, weshalb. Ich fand mich selbst anders, ich empfand mich als ein anderes Kind, einen anderen Jungen. Wenn ich es hinterher beschreiben soll, habe ich mich als ein Kind empfunden, das kein Kind mehr war, sondern ein »krummer« Erwachsener.

Hinterher geschah der Mißbrauch an den verrücktesten Orten. An dunklen Stegen im Dorf oder wenn ich gerade mit meinen Brüdern spielte und mit meinen Freunden. Er erschien immer wieder, und oft. Wohinter ich nie so recht gekommen bin, ist, daß ich auch zu meiner Tante, zu ihnen ins Haus ging. Einerseits suchte ich es, obwohl ich es nicht wollte, und andererseits schaffte ich es auch nicht, es nicht mehr zu tun. Und es war sehr oft so, daß, wenn eine Woche oder drei Tage lang nichts mehr passiert war, ich schon wieder so etwas wie eine Spannung empfand: Es muß ja doch kommen, soll es halt geschehen, dann bin ich ihn auch wieder für ein paar Tage oder eine Woche los. Es wurde eine Gewohnheit. Wenn der Mißbrauch nicht stattfand, war ich aus meinem Rhythmus, ganz seltsam.

Wie verlief die sexuelle Handlung?
Er zwang mich, ihn zu betasten, zu masturbieren, mir Kleidung und Hose auszuziehen, er machte an meinem Penis herum. Er rieb sich an mir, und er machte mir immer Vorwürfe: Du kannst auch nichts, du fühlst ja nichts und du reagierst nicht. Ich kann dir noch eine ganze Menge beibringen. So geht das, so mußt du das tun. Wenn der Mißbrauch stattfand, war ich nicht derjenige, der ich sonst war. Später wurde mir klar, daß ich einen »Schalter« in meinem Kopf umgedreht habe; in dem Augenblick war ich ein Mechanismus. Auf jeden Fall kein Mensch mit Gefühlen. Ich konnte mich während des Mißbrauchs auch allem gegenüber verschließen. Später habe ich darüber viel nachgedacht, und mir ist bewußt geworden, daß es für mich als Kind auch nicht zu fühlen war, das ist nämlich zu groß. So eine schwere Form von Machtmißbrauch, so etwas Zerschmetterndes. Dem bist du als Kind nicht gewachsen, aber wohl hast du als Kind die Fähigkeit, ei-

nen Schalter umzudrehen. Das habe ich getan, und dann war es wieder vorbei, zum Glück. Das Schlimme daran war, daß meine Eltern, meine Geschwister ihn schätzten. Wenn er kam, hatte ich das Gefühl, daß er kam, um mich zu mißbrauchen, aber meine Eltern sagten dann: »Ach, da kommt er wieder, bestimmt ist es ihm daheim wieder nicht recht.« Gemeint war damit etwa: Ein netter Junge, der nicht einfach auf der Straße herumlungert, dann ist er hier doch besser aufgehoben. Was mir das Gefühl gab: Siehst du, es ist legitim, daß er kommt. Er wird geschätzt, er erfährt Zustimmung, und wenn ich etwas verlauten lasse, werden sie mir bestimmt nicht glauben. Niemand in unserer Familie hat es gewußt, niemals. Ich habe erst vor sechs Jahren davon angefangen, vierundzwanzig Jahre später. Ich war auch der einzige, den er mißbraucht hat.

Es hat in meinem neunten Lebensjahr angefangen und vier Jahre gedauert. Es hat aufgehört, als er eine Freundin bekam und sich verlobte. Er ist verheiratet, hat Kinder bekommen und hat noch bei uns in derselben Straße gewohnt.

Bestimmte Dinge sind mir stark in Erinnerung geblieben. Sein Körpergeruch, der Geschmack von Sperma. Wenn du diese Erfahrung gehabt hast, wirst du das nie wieder los. Aber du reagierst auch auf Menschen und Männer, die irgendwie so aussehen wie er seinerzeit: Igitt, der hat genau so einen Haaransatz oder so einen dicken, fetten runden Bauch. Wie ekelhaft ich das doch an Männern finde! Ich weiß allerdings, daß das mit früher zu tun hat. Dann kommt es hoch. Wenn ich es erkenne, ist es auch sofort wieder verschwunden.

In dieser Zeit fand ich mich selbst anders als die andern. Ich geriet mit mir in Konflikt, was ich nun war: erwachsen oder Kind. Ich wollte nicht zu meinen älteren Geschwistern, zu denen gehörte ich nicht. Zu meinen jüngeren Brüdern gehörte ich auch nicht, wollte ich auch nicht. Ich hatte das Gefühl, nirgendwo dazuzugehören. Eigentlich fühlte ich mich den Erwachsenen zugehörig, aber die schickten mich immer weg: Geh und spiele mit deinen Altersgenossen. Im nachhinein fühle ich mich von ihnen abgelehnt. Auch von meinen Eltern. Meine Reaktion auf das Ganze war, ein sehr lieber Junge zu werden in dem Sinn, daß ich keine extremen Sachen tat. Nicht widerborstig wurde und so. Grau, nenne ich das.

Ich bin zur Sekundarschule gegangen, dort konnte ich mich nicht konzentrieren; ich fing an zu träumen, wollte fort aus der Realität. War in der Zukunft, beschäftigt mit Zielen weit fort, mit Dingen, die es nicht gab. Jeder hat natürlich Phantasien, aber ich war immer damit beschäftigt. Und das hatte einen Einfluß auf meine Leistungen. Für drei Schuljahre brauchte ich fünf Jahre. Weil ich zu niemandem gehörte, habe ich mich sehr, sehr allein gefühlt, bin ich auch allein gewesen. Ich hatte keine Freunde, saß oft allein im Schlafzimmer. Ich wußte nicht, wie ich Freunde bekommen sollte. Wo ich mich am ruhigsten fühlte, das war bei meinen Schwestern und bei meiner Mutter. Die taten mir nämlich nichts, dessen bin ich mir später erst bewußt geworden. Ich traute mich nicht, mit Jungen und Männern loszuziehen. Wenn man nämlich groß ist, dann mißbraucht man Kinder oder geht ihnen an den Pimmel, man muß sich an ihnen reiben, sie an versteckte Stege locken. Das begriff ich überhaupt nicht. Ich habe damals auch angefangen, sehr viel zu essen. Ich war kugelrund und ganz fett. Ich kam mit Leuten in Berührung oder habe sie mir ausgewählt – inzwischen muß ich darüber auch lachen – denen auch »etwas« fehlte. So befreundete ich mich mit einem Jungen, der einen Geburtsfehler an der Hüfte hatte. Ich empfand mich als anders, wagte aber nicht, darüber zu reden. Ich habe das auch jahrelang so gehalten.

Andere haben also nie etwas an mir bemerkt, es war ja auch außen nichts zu sehen. Mit ein paar Mädchen bin ich immer zur Schule geradelt. Ich litt nicht, wenn sie gehänselt wurden. Ich habe mich immer älter gefühlt als die anderen Kinder. Für mein Gefühl waren andere Jungen dumm. Ich fand sie kindisch. Ich hatte das Gefühl, über ihnen zu stehen. In der Schule wurde untereinander natürlich auch über Sexualität geredet, über Menstruation. Jungen gingen nach den Mädchen sehen, lugten in die Badekabinen im Schwimmbad. Ich hörte sie sagen: Mir kommt's, und dann dachte ich, da hast du es wieder, das brauchst du mir nicht zu erzählen, das weiß ich nämlich schon längst. Das finde ich fies, das finde ich ekelhaft. Ich fand es gemein, weil es so eine heimliche Ladung hatte. Damit hatte ich Schwierigkeiten, nicht damit, daß man verheiratet war oder ein Verhältnis hatte. Was ich sehr unangenehm fand, war, sich in der Gruppe auszuziehen. Dazu mußte ich mich regelrecht zwingen.

Ich war sechzehn oder siebzehn, als ich von der Sekundarschule kam. Ich wollte aus dem Dorf fort, fand es dort fürchterlich. Man kannte sich gegenseitig und unternahm viel zusammen; Hochzeiten, Feiern und Dorffeste. Das war mir ein Greuel. Saufen und Spaß. Das Gefühl, Spaß zu haben, kannte ich nicht, ich wußte nicht, was es war, wenn die Leute sich amüsierten.

Ich habe dann in einer psychiatrischen Anstalt gearbeitet. Ich wußte nicht, was Glücklichsein war. Ich fühlte, daß die anderen das wohl kannten, und das machte mich noch verschlossener. Mit weiblichen Kollegen konnte ich ausgezeichnet arbeiten. Mit männlichen Kollegen arbeitete ich zwar auch zusammen, aber damit konnte ich nicht gut umgehen.

Um mein achtzehntes Lebensjahr herum habe ich beschlossen, daß es mir nie wieder passieren würde und daß andere keine Macht mehr über mich haben sollten. Ich stellte hohe Anforderungen an mich, ich holte das Letzte aus mir heraus. Ich fand, daß ich mehr sein mußte als andere, besser für andere sorgen mußte, und damit stellte ich mich eigentlich wieder hintenan. In meiner Ausbildung bestand ich immer mit den besten Noten. Mit wenigem nahm ich nicht vorlieb. Ich arbeitete sehr, sehr hart. Zu Kollegen sagte ich immer ja und niemals nein. Wenn ich mit Männern Probleme hatte, beispielsweise Meinungsunterschiede mit Kollegen, fand ich das ganz abscheulich von mir. Dann schämte ich mich und wich der Konfrontation aus. So hatte ich einmal Dienst und Lust, etwas Leckeres zu essen. Da bin ich ins Dorf in eine Cafeteria gegangen. Ich habe dort Pommes und Eis mit Schlagsahne gegessen, wunderbar. Ich fand es schon ganz toll von mir, daß ich mich allein in eine Cafeteria gewagt hatte. Anschließend bin ich von fünf Jungen überfallen worden. Da habe ich so furchtbar Angst bekommen, daß ich davongelaufen bin. Ans Zurückschlagen dachte ich nicht. Monatelang habe ich Angst gehabt, ins Dorf zu gehen. Ich habe das sehr auf mich selbst bezogen: Du dummer Arsch, wie konntest du bloß in diese Cafeteria gehen. Dann habe ich mich wieder völlig in die Arbeit gestürzt.

Du hast mich nach meiner eigenen Sexualität gefragt. Ich hatte ein eigenes Zimmer. Aber es fiel mir schwer, an mich selbst zu kommen. Da habe ich angefangen, mit mir selbst zu experimentieren. Doch, ich habe eine eigene Sexualität. Ich weiß jetzt, wie sich alles bei mir verhält und anfühlt. Es hat sich schon angenehm angefühlt, auch der Orgasmus, aber hinterher nie. Es war pur orgastisch, es hatte nichts mit Wärme oder Geilsein zu tun. Angefaßt werden von anderen empfand ich als etwas Schreckliches.

Ich wurde Stationsleiter. Das funktionierte wie ein Uhrwerk, da passierten auch keine extremen Dinge. Meine Unzufriedenheit außerhalb der Arbeit aber nahm zu. Ich wußte nicht, was ich abends tun sollte, ich war dann immer nur müde. Ich unternahm auch immer weniger, zum Ausgehen hatte ich keine Lust mehr.

Allmählich suchte ich auch Ausreden, um irgendwo nicht dabeisein zu müssen. In meiner Funktion als Leiter konnte ich auch ausgezeichnet allerlei Bitten von mir abhalten. Ich wurde allmählich »streng«, in meiner Arbeitssituation und privat. Als meine Geschwister daheim zur Tür hinaus waren, hatte ich zudem ein schönes Argument, wieder eine Zeitlang daheim zu wohnen und Vater und Mutter zu verwöhnen. So brauchte ich nicht an mich selbst zu denken oder gar zu wissen, was ich wollte. Wertschätzung gaben mir andere. Ich ging zu Verwandten auf Besuch aus einer Art Pflichtbewußtsein, einer Art Treue, ich markierte den Sozialarbeiter. Damit hatte ich gut zu tun.

Als die erste Sparwelle kam, wurde meine Abteilung geschlossen. Ich war meine Funktion los und mußte in eine andere Abteilung. Auf dieser neuen Abteilung gefiel es mir auch. Noch war alles normal. Als anderswo eine Funktion frei wurde, bin ich in einer Abteilung gelandet, auf die ich überhaupt keine Lust hatte. Von mir selbst verlangte ich aber Treue und Pflichterfüllung. Ich konnte nicht nein sagen und habe doch dort angefangen. Innerhalb kürzester Zeit ging es schief. Ich bekam keinen Kontakt mit den Kollegen. Mich selbst beachtete ich dabei nicht. Es entstanden Konflikte, und da bekam ich Angst, daß ich es nicht schaffen würde im Leben. Ich war deprimiert und glitt immer mehr ab. Inzwischen hatte ich ein Haus gekauft. Auch hier fühlte ich mich sehr einsam. Ich glaubte, endlich Freunde gewinnen zu können, und dann hätte ich mir mein Leben eingerichtet. Dann käme alles noch in Ordnung. Na, und wie gut das klappte! Ich bekam Angst. Obwohl mein Vater noch lebte, fing ich an zu phantasieren, wie es wäre, wenn er sterben würde. Im Mittelpunkt dieser Phantasie stand, daß ich ihn von der Kanzel aus verteidigen würde. Ich konnte mich dieser Phantasie nicht entziehen. Dann kamen meine schlaflosen Nächte, Alpträume, das Herzklopfen und die Müdigkeit. Ich geriet immer mehr unter Spannung.

In dieser Zeit kam ein Kollege aus A. in unsere Abteilung, wir unterhielten uns über unsere Arbeit und sind einmal nach B. zu einer Lesung gefahren. Er fragte mich, ob ich ihn rasch nach Hause bringen wolle, er wohnte nämlich in einem kleinen Dorf in der Nähe. Es machte mir Todesangst, ich fühlte mich schlecht. Dort angekommen, sagte ich, daß ich nicht mit ins Haus ginge. Ich begegnete ihm immer öfter auf der Arbeit, und er fragte, ob er mich einmal besuchen dürfe. Das ist, was ich will, dachte ich, aber wie soll ich das anstellen? Ich geriet in Panik. Ich fand es schön und scheußlich zugleich. Er kam, und es war schön. Danach kam er öfter und lud mich auch zu sich ein. In recht kurzer Zeit wurden wir Freunde. Einerseits ging es also schlecht mit meiner Arbeit, und andererseits hatte jemand an mir Interesse.

Eines Abends rief eine meiner Schwestern an, die den Eindruck hatte, daß es mir in letzter Zeit ziemlich schlecht ging. Ich sagte, sie solle darüber nicht reden. Am liebsten hätte ich laut geschrien und wußte nicht, weshalb. Ich hatte gerade einen Artikel über sexuellen Mißbrauch von Frauen gelesen, mir aber nicht klargemacht, daß das womöglich auch bei mir so funktionierte. Am nächsten Tag mußte ich wieder zur Arbeit. Ich kam auf die Abteilung und versteinerte völlig. Ich mußte mich körperlich zusammenreißen. Alle waren an diesem Morgen krank. Deshalb wandte ich mich an diesen Freund und Kollegen und fragte auch gleich, ob er an diesem Abend bei mir vorbeikommen wolle, es gehe mir nämlich nicht gut. Ich sagte, ich müsse ihm etwas erzählen. Zu der Zeit dachte ich noch, es käme schon in Ordnung, wenn ich bloß darüber reden könnte. Wie ich durch den Tag gekommen bin, weiß ich nicht, das ist noch immer ein Loch. Er ist gekommen, und ich habe es ihm gesagt, und in dem Augenblick verlor ich die Fassung. Als ich zum ersten Mal benannte, was mit mir geschehen war, habe ich stundenlang dagesessen und geheult. In drei Stunden Zeit hatte ich endlich so ungefähr herausgebracht, was früher mit mir geschehen war. Er sagte: Du gehst mit zu mir nach Hause. Mir war es recht. Ich war sehr froh über diese Freundschaft, ich bekam Aufmerksamkeit und konnte Aufmerksamkeit schenken, und ich vertraute ihm irgendwie. Er würde mich nicht ablehnen oder für dumm halten.

Ich bin nicht mehr zu meiner Arbeit gegangen und bin anderthalb Jahre draußen gewesen. Ich war völlig durchgedreht, gigantische Weinkrämpfe hatte ich. Das klassische Bild von jemandem mit einem Nervenzusammenbruch. Der Betriebsarzt erzählte mir nach sechs Wochen, ich solle mir am besten ein Jahr Zeit lassen. Und so bin ich beim RIAGG (Regionales Institut für ambulante Psychiatrie, d. Ü.) gelandet, zuerst die Aufnahme und erst nach drei Monaten ein Gespräch. Ich erzählte, daß ich nicht mehr wisse, wie es weitergehen sollte. Die Absicht, es zu verarbeiten, war schon vorhanden, aber ich wußte nicht wie. Ich habe diese Therapie ein gutes Jahr lang gemacht. Mir wurden dort Emotionen aufgedrängt, mit denen ich etwas tun sollte. Dann würde ich wieder etwas freier sein, und es würde einen neuen Anfang geben. Meine ganze Familie wurde auseinandergepflückt. Als ich erzählte, daß ich von ihm geträumt hatte, mußte ich mit meinem Vater anfangen. Ich konnte mir absolut nicht vorstellen, wozu das alles gut sein sollte. Kurz und gut, ich habe ein Jahr lang eine Therapie gehabt, mit der ich überhaupt nicht weitergekommen bin.

Ich habe wieder angefangen zu arbeiten und mit der Therapie aufgehört. Im Urlaub ging es schief, ich hatte das Bedürfnis, festgehalten zu werden, umarmt zu werden, mich auszuheulen, und oft war es dann auch wieder gut. Ich hatte allmählich mit Leuten wieder einigen Kontakt aufgebaut. Eifersucht kam auf: Was hast du, das ich nicht habe; was du hast, will ich haben. Damit konnte ich nicht gut umgehen. Ich gönnte es meinem Freund und seiner Frau nicht. Ich kam mir vor wie das dritte Rad am

Wagen. Der Urlaub war grauenhaft, die Emotionen brachen hervor.

Nach dem Urlaub habe ich wieder als Krankenpfleger gearbeitet; eine neue Stelle auf einer anderen Station. Ich habe das sechs Wochen aushalten können. Dann bin ich zu einem Psychiater gegangen,weil ich das Gefühl hatte, daß etwas nicht stimme und daß etwas passieren müsse. Mit ihm kam ich über meinen Vertrauensarzt in Kontakt. Er sagte, er könne nichts für mich tun, er hat gar nicht erst angefangen. Er verwies mich wieder zurück an das RIAGG. Dort mußte ich selbst klar angeben, was ich wollte. Sie haben mir drei Kliniken empfohlen. Die habe ich angeschrieben und mir eine ausgesucht. Das war 1986 gewesen. Da hat man ein Behandlungsprogramm für mich entworfen. Ich konnte dort endlich an dem arbeiten, was mit mir passiert ist. Das wurde respektiert, und damit haben sie etwas gemacht. Das war oft nicht schön, aber ich hatte mich selbst dazu entschieden, und damit wurde dann auch gearbeitet. Jetzt oder nie, habe ich gedacht. Ich kann es, ich will es, und es wird herauskommen.

Das ist eine sehr gute Zeit gewesen, die vier Monate gedauert hat. Ich habe dort gelernt, wie man Respekt vor sich selbst bekommt und sich nicht etwas, was einem selbst gehört, abnehmen läßt. Du bist wichtig, du kannst über dich entscheiden. Früher hat ein anderer über mich entschieden. Es war das Umdrehen meines negativen Selbstbildes. Es ist eine schwere, aber auch eine sehr gute Zeit gewesen. Aber auch nach der Entlassung habe ich Angst gehabt, wieder zusammenzubrechen.

Gefühle, die mit Machtlosigkeit zu tun haben, deinen Schmerz, deinen Kummer, das hast du alles unten gehalten. Du bist dir dessen nicht bewußt, daß das da ist, daß du es weggesteckt hast. Wenn du mit der Verarbeitung anfängst, kannst du das nicht bagatellisieren. Es muß heraus, und erst dann kannst du dein Verhalten betrachten.

Wenn du einmal damit angefangen hast, kannst du nicht mehr zurück. Je länger du deine Vergangenheit festhältst, desto schwieriger machst du es dir selbst. Wenn du es »überlebt« hast, dein Drama, dann hast du auch den Mut, etwas daran zu tun. Obwohl du mitunter depressiv bist und trotz der Zweifel, ob du überhaupt weiterleben willst. Dieser Teil deiner selbst, der es dir ermöglicht hat zu überleben, kann auch dafür sorgen, daß du da hindurchkommst. Dieser Prozeß geht allerdings mit Wellenbewegungen einher. Das habe ich auch bei anderen Männern gesehen. Ein paar Tage lang gut und ein paar Tage lang schlecht. Versuche nicht, es schnell zu bewältigen. Es ist nicht etwas, das du in ein paar Wochen lösen kannst. Du mußt dich auch von der Vorstellung verabschieden, daß du der einzige bist. Vor allem unter Männern besteht diese Meinung noch immer. Stärker noch bei Männern als bei Frauen, die mißbraucht worden sind. Es ist ein doppeltes Tabu.

Es ist sehr wichtig, eine ganz bewußte Wahl bezüglich der richtigen Personen zu treffen. Nicht nur, wenn es um professionelle Betreuer geht, sondern auch bei Freunden, Partnern und Kollegen. Menschen, die verstehen, wie es für dich ist und wie es sich anfühlt. Sorge dafür, daß du anerkannt wirst. Daß das wichtig ist, weiß ich aus eigener Erfahrung. Was ich angenehm finde, ist, daß ich vor ein paar Jahren immer nur durcheinander war, und das ist jetzt ganz klar anders.

JOHAN

Johan kommt aus einer Bauernfamilie mit zehn Kindern, von denen er der Älteste ist. Er ist acht Jahre lang von seiner Mutter mißbraucht worden. Jetzt ist er Gruppenleiter in der Fürsorge für geistig Behinderte.

Wann hat es angefangen und mit wem?
Mit wem ... das war meine Mutter, daß da kein Mißverständnis aufkommt. Wann es angefangen hat, kann ich weniger genau sagen. Ich kann in meiner Erinnerung noch zurückgehen zu meinem dritten oder vierten Lebensjahr, davor ist es für mich etwas verschwommen. Vielleicht hat es schon in meinem zweiten Lebensjahr angefangen. Vom Kindergarten an kann ich mich gut erinnern. Es ist weitergegangen bis zu meinem zwölften Lebensjahr.

Von ein paar Brüdern weiß ich, daß die auch sexuell mißbraucht worden sind, von den andern weiß ich es nicht. Ich habe sie nie gefragt. Ein Bruder kann sich nicht mehr daran erinnern.

Meine Mutter betastete einen. Das tat sie weniger offen, je älter man wurde. Du wurdest betastet, aber auch gezwungen, sie zu betasten. Dieses Betasten betraf die Geschlechtsteile. Ich bin nie dahintergekommen, wie ich es fand, als ich klein war. Je älter ich wurde, desto widerlicher wurde es mir, und ich versuchte, diesen Situationen zu entgehen. Aber das gelang nicht immer, weil bei mir zu Hause tüchtig geprügelt wurde, oder man bekam kein Essen. Ich weiß nicht, ob mein Vater es gewußt hat, ich glaube schon. Mein Vater war der Buhmann, von dem meine Mutter dankbar Gebrauch machte. Mein Vater fragte nichts, er schlug immer nur.

Wie war die Situation bei euch daheim?
Ich war der Älteste von zehn Kindern. Ich hatte sechs Brüder und drei Schwestern. Ich komme aus einem Dorf hier in der Nähe, das damals so um die tausend Einwohner hatte. Wir wohnten außerhalb, isoliert, weil unser Haus im Wald stand. Wir sahen dort weiter niemanden. Wir hatten daheim einen bäuerlichen Kleinbetrieb mit allerlei landwirtschaftlichen Zweigen. Meine Mutter war immer zu Hause. Die Kinder wurden auch in die Arbeit

auf dem Bauernhof eingespannt. Ich bin aus dem Haus gegangen, als ich sechzehn Jahre alt war. Ich habe eine Ausbildung angefangen und mir ein eigenes Zimmer gesucht. Sieben Jahre lang bin ich noch nach Hause gekommen. Anfänglich sehr oft. Ich war der Älteste und fühlte mich mehr oder weniger verantwortlich für das, was daheim geschah. Meinen jüngeren Geschwistern fehlte es an allem, hauptsächlich was Kleidung und Essen betraf. Für sie aufzukommen ist sehr lange meine Aufgabe gewesen. Trotzdem hat sich das im Lauf der Jahre etwas abgeschwächt. Dann kam ich auch mit meiner Frau in Kontakt. Bis zur Geburt meiner ältesten Tochter sind wir noch nach Hause gekommen. Ein halbes Jahr später hat es ordentlich Streit gegeben, und von dem Augenblick an bin ich nicht mehr dort gewesen.

Noch kurz zurück zu dem Mißbrauch. Du hast erzählt, daß du dich mehr dagegen gewehrt hast, als du älter wurdest?

Ich weiß noch gut, daß ich mich in dieser Zeit auch im Hühnerstall versteckt hielt. Da gab es Mäuse und Ratten, und davor hatte meine Mutter Angst. Auf die Dauer bekamst du Hunger und mußtest doch wieder hervorkommen. Ich habe immer dagegen protestiert, nicht nur gegen den sexuellen Mißbrauch, sondern auch gegen andere Dinge. Deshalb galt ich daheim auch als der böse Geist, der Verursacher aller Misere. Auch, weil die anderen Geschwister mich als ihren Wortführer benutzten. Als ich noch klein war, wohnten meine Großeltern noch zu Hause. Mein Opa ist früh gestorben; er ist der einzige, an den ich noch dankbare Erinnerungen habe. Ich vermute, daß es früher bei meiner Mutter daheim auch so zuging, aber das weiß ich nicht genau. Ich finde, daß meine Mutter verrückt ist, das ist sie noch immer. Ich denke, daß es auch damit zu tun gehabt hat, daß sie zehn Kinder hatte, der Trubel und so ... aber das gibt ihr noch immer nicht das

Recht, so etwas zu tun. Es war nicht schön. Meine Eltern haben mich, als ich sechzehn war, hinausgeworfen, ich wurde zu bedrohlich. Ich und meine ältesten Geschwister widersetzten sich nicht nur, sondern gingen auch zu Drohungen über, machten gemeinsame Sache. In dieser Zeit ist die Polizei regelmäßig zu uns nach Hause gekommen, und auch die Fürsorge. Die haben Partei für die Alten ergriffen und haben immer nur beschwichtigt. Es gab immer wieder Schläge, nicht bloß mit Fäusten, sondern auch mit Holz. So landete ich während der Grundschule zusammen mit meiner Mutter regelmäßig beim Hausarzt. Die führte dann das Wort. Wir bekamen todsicher Eisen, offiziell gegen Blutarmut, aber nach den blauen Flecken wurde nicht geschaut ...

Unsere Gegend hatte einen schlechten Ruf. In der Schule waren wir auch Ausgeschlossene. Freunde habe ich nie gehabt. Ich bin wohl einmal mit einem Jungen aus der Gegend befreundet gewesen, aber das scheiterte, als er zu uns nach Hause kam. Meine Mutter schwärzte mich an, und anschließend durfte er nicht mehr zu mir kommen und ich nicht zu ihm, und da war es wieder vorbei. Auf diese Weise wurden wir bewußt von anderen abgesondert. Als ich ungefähr sechzehn war, ist die Fürsorge zu uns nach Hause gekommen, weil die Spannungen immer stärker wurden und die Polizei immer häufiger kommen mußte. Die Sozialarbeiterin war eine Gemeindeangestellte. Sie kam wöchentlich zu uns nach Hause und redete immer mit meinem Vater; wir durften nicht dabeisein. Später noch öfter, aber dann ging es um die Schule. Manchmal wurden wir allerdings auch etwas gefragt. Sie hat oft versprochen, etwas an der Situation bei uns daheim zu ändern, aber diesen Versprechungen ist sie nie nachgekommen.

Ich habe damals wohl kurz davor gestanden, die Sache einmal richtig in die Hände zu nehmen, aber dann gab es wieder irgendeine gütliche Regelung, und es wurde nichts daraus. Zuletzt, ich war da schon drei Jahre von zu Hause fort, habe ich Kontakt mit dem Kinderschutzbund aufgenommen. Ich bin dort einmal mit meiner Schwester gewesen. Ich habe da nie genau erzählt, was daheim passierte, was den sexuellen Mißbrauch anging, wohl aber genug für sie, um tätig zu werden. Sie würden Nachforschungen anstellen, hieß es, und danach habe ich nie mehr etwas von ihnen gehört. Bis ich vor zwei Jahren dahinterkam, daß sie sich tatsächlich erkundigt hatten. Sie hatten die Sozialarbeiterin der Gemeinde angerufen, und die hatte gesagt, daß es mitunter zwar etwas gebe, aber daß schließlich alles immer wieder ins rechte Geleise komme.

Wann hast zum ersten Mal darüber reden können und mit wem?
Als erstes habe ich es meiner Frau erzählt, und das ist zwei Jahre her. Da kannte ich sie schon dreizehn Jahre lang. Ich habe nie darüber reden wollen. Die Dinge haben bei uns daheim so lange weitergehen können, weil die professionellen Hilfseinrichtungen versagt haben. Deshalb habe ich so wenig Vertrauen zu denen. Also habe ich mir immer vorgenommen, mit niemandem darüber zu reden. Ich wußte, daß, wenn ich einmal damit anfangen würde, die Vergangenheit an mir nagen würde. Zuletzt würde ich wieder zu einem professionellen Betreuer gehen müssen, wo ich diesen Leuten doch nicht mehr vertraue.

Vor drei Jahren hatte meine Frau körperliche Beschwerden, für die es keine medizinische Ursache gab. Sie wurde phobisch, wagte sich nicht mehr auf die Straße. Sie ist zum RIAGG gekommen und von da aus für acht Wochen in ein Genesungsheim. Dort hat man regelmäßig Gespräche mit ihr geführt; worüber, war mir nicht klar. Ich habe selbst auch um Gespräche gebeten, aber darauf ist man nicht eingegangen. Es gab viele Veränderungen bei meiner Frau, sie stellte mir alle möglichen Fragen: Warum verhältst du dich so oder so? Das hatte immer mit der Haltung zu tun, die ich mir gab. Selbst wußte ich, daß das mit meiner Geschichte zusammenhing. Bloß, ich habe immer gedacht, wenn ich darüber zu reden anfange, falle ich um. Ich bedaure es, daß ich damit angefangen habe. Wenn man mich damals seitens der Fürsorge deswegen angesprochen hätte, weshalb ich mich so verhielt, und mich als vollwertigen Gesprächspartner akzeptiert hätte, wäre die Situation zu Hause anders gewesen. Jetzt schickten sie meine Frau für ein Wochenende mit einer Reihe von Aufträgen nach Hause; Dinge, die sie mir sagen mußte, die sie von mir fordern mußte und so. Also auch über Dinge von früher, die für mich tabu waren.

Angefangen hat es auf meiner Arbeit. Ich arbeite auch mit weiblichen Insassen und mit Kolleginnen. Das ist mir immer sehr schwergefallen. Ich kann es kaum ertragen, wenn Frauen in meiner Nähe stehen, dann verspanne ich mich aus Angst, daß sie etwas von mir wollen. Davon gehe ich fast immer aus. Das hat sich weiter gesteigert, bis ich es zuletzt nicht mehr aushalten konnte, daß ich am Tisch saß und schrieb und jemand hinter mir stand. Sogar bei einer Kollegin, mit der ich gut zurechtkam. In dem Augenblick habe ich gedacht: Ich muß nach Hause!

Dann bin ich einige Wochen zu Hause gewesen, ohne meiner Frau zu erzählen, was mit mir los war und was der Hintergrund von alledem war. Bis ich eines Nachmittags draußen war und meine Frau auf einmal hinter mir stand. Ich hatte sie nicht kommen sehen. Ich sagte: Geh bitte ein Stück weiter weg. Ich habe sie nicht geschlagen, und doch ist sie über meine Reaktion erschrocken. Da habe ich ihr Rede und Antwort gestanden.

In der Zeit, in der meine Frau sich in dem Genesungsheim aufhielt, hatte sie Kontakt mit der Sozialarbeiterin; derselben, die früher zu uns nach Hause kam. Ohne mein Wissen hatte sie meiner Frau gesagt, sie solle behutsam mit mir umgehen: »Er hat nämlich mehr mitgemacht in seiner Jugend, als du weißt.«

Ein paar Tage später saß ich im Auto und begegnete ihr im Dorf. Ich sah sie ankommen auf dem Fahrrad und dachte: »Dich fahre ich zuschanden.« Im allerletzten Augenblick kam ein Lastwagen dazwischen. Schließlich bin ich wieder zu mir gekommen und habe bei einem Freund eine Tasse Kaffee getrunken. Ich habe ihm nichts davon gesagt.

Am nächsten Tag habe ich meiner Frau alles erzählt, wie es bei uns daheim gewesen war. Ich bin zum Hausarzt gegangen, und der hat mir eine Überweisung zu einem Psychiater gegeben. Ich bin fünfmal bei diesem Psychiater gewesen. Ich habe zwar darüber gesprochen, daß wir oft nicht zu essen bekamen, aber nicht von dem sexuellen Mißbrauch durch meine Mutter. Ich habe ihm das erst im fünften Gespräch erzählt. Seine Reaktion war, daß das wohl so langsam zur Mode würde. Ich bekam ein Rezept und bin nach Hause gegangen. Ich habe das Rezept weggeworfen und angerufen, daß ich nicht mehr käme.

Es wurde immer schlimmer, ich konnte nicht mehr schlafen, ich bekam Wahnvorstellungen, Halluzinationen und Ängste. Ich mußte etwas tun. Hinterher ist das leicht gesagt, aber ich war damals wie weggetreten. Ich habe mich in eigener Initiative auf die Suche gemacht. Ich bin erst in die Bibliothek gegangen und habe alle Bücher, die auf diesem Gebiet (Inzest) zu finden waren, gelesen. Ich habe Kontakt gehabt mit der VSK (niederländische Vereinigung gegen sexuelle Kindesmißhandlung, d. Ü.). Die Frau sagte, es liege an den ungleichen Klassen- und Machtverhältnissen in unserer Gesellschaft und an der klassischen Rollenverteilung. Kurz, davon hatte ich auch nichts. Über meine Frau bin ich zu dem Genesungsheim gekommen. Ich war argwöhnisch, hatte aber keine andere Wahl. Die Aufnahme würde noch ein paar Wochen dauern. Inzwischen bin ich zur Rutgersstiftung (Büro für Geburtenregelung und Sexualitätsfragen, vergleichbar der deutschen Pro Familia, d. Ü.) gegangen und habe dort um etwas anderes gebeten als dieses Genesungsheim. Ich würde innerhalb einer Woche Nachricht bekommen. Nach drei Wochen immer noch nichts, und da habe ich dann angerufen. Der Mann war nicht da. Ich habe einen bösen Brief geschrieben, und da stellte sich heraus, daß der Mann in Scheidung war und deshalb nicht früher Kontakt mit mir aufgenommen hatte. Er riet mir, am besten doch in dieses Genesungsheim zu gehen. So bin ich dort gelandet.

Es ging daneben von dem Moment an, als ich dort zur Tür hereinkam. Ich bin dort insgesamt acht Wochen gewesen. Ich wurde in eine Gruppe mit sieben Frauen und einem Mann aufgenommen. Die meisten Frauen hatten eine vergleichbare Vergangenheit. Ich mußte mir meine Mutter vergegenwärtigen und ihr erzählen, wie ich ihr Verhalten empfand und was ich darüber dachte. Ich glaube nicht an eine solche Methode. Es ist Zirkus, Illusion. Es funktioniert vielleicht, wenn du dich selbst zum Narren halten willst, aber deine Vergangenheit bleibt genau dieselbe wie vorher. Die getroffenen Vereinbarungen werden von den Betreuern nicht eingehalten, eine Situation, die ich gut kenne. So ist es in meiner Jugend auch gegangen. Da hat es nur eine Möglichkeit gegeben, mich über Wasser zu halten, und die war, mich scheinbar anzupassen und dafür zu sorgen, daß ich nicht in ihre Nähe kam.

Wenn ich früher gegen irgend etwas protestierte, wurde nicht darauf gehört. So war es auch in dem Genesungsheim. Als ich nach acht Wochen genug davon hatte und nach Hause ging, haben die Betreuer es fertiggebracht, in einem Brief an meinen Hausarzt ihre Behandlung als erfolgreich zu bezeichnen. Meine Vergangenheit sei verarbeitet. Allerdings hätte ich ihnen gegenüber eine kritische Haltung eingenommen. Zuletzt erwähnten sie noch, daß ich nur mehr Probleme hätte mit unverarbeiteten Haßgefühlen gegen meinen Vater.

Es ist dort kalt und steril zugegangen. Man hatte nie Zeit, dafür aber dicke Terminkalender. Ich bin mir einfach acht Wochen lang doof vorgekommen. Alle Beschwerden sind geblieben, und nichts hat sich verändert. Es ist nur ein Übel hinzugekommen, nämlich die Erfahrung, daß die Betreuer finden, daß der Fehler immer beim Klienten liegt. Ich mußte ein Wochenende lang Stichwörter dazu aufschreiben, was daheim alles verletzend gewesen war, und das wollten sie dann Punkt für Punkt mit mir durchnehmen. Ich kam also wieder mit einer ellenlangen Auflistung. Diese Liste ist in einer Schublade verschwunden, und weiter haben sie nichts damit gemacht.

Womit ich auch Schwierigkeiten hatte, war der Umgang mit meinen Kindern, einem Jungen und einem Mädchen. Ich konnte sie immer weniger ertragen. Vor allem vor körperlichem Kontakt grauste mir. Ich habe dieses Problem in dem Genesungsheim angeschnitten, denn ich wollte unbedingt, daß es für meine Kinder anders sein sollte als das, was ich durchgemacht habe. Das Problem wurde ganz einfach mit der Mitteilung vom Tisch gefegt, daß die Kontakte mit meinen Kindern sich schon bessern würden, wenn ich meine Vergangenheit verarbeitet hätte. Danach ist man nie mehr darauf zurückgekommen.

Ich habe zu meiner Frau gesagt: Ich gehe zu keinem professionellen Helfer mehr. Die verdienen ihr Gehalt bloß mit Dasitzen und Nichtstun. Aber das war leichter gesagt als getan, denn ich konnte nachts nicht mehr schlafen. Nach einem Jahr habe ich telefonisch Kontakt mit dem RIAGG aufgenommen. Der Helfer fragte nach meinen Beschwerden. Nachdem ich meine Geschichte erzählt hatte, wurde ich mit dem nächsten Helfer verbunden, der mich sofort fragte, wann mit meinen Kindern Inzest verübt worden sei. Trotz dieser blöden Bemerkung habe ich zwei Gespräche gehabt, von denen ein großer Teil abging für Überlegungen, die mein Betreuer mit einem Kollegen über einen anderen Klienten anstellte, in meinem Beisein notabene. Ich bin dann zur Poliklinik des Krankenhauses gegangen und habe dort ein paar Gespräche gehabt. Von da aus bin ich zu einem Psychiater geschickt worden. Ich bekam Medikamente, von denen es mir schlechter ging, nach drei Tagen habe ich die weggeworfen.

Wie sollte man deiner Meinung nach mit Opfern sexuellen Mißbrauchs umgehen?
In den letzten Jahren wird unheimlich viel geschrieben und gesprochen über sexuellen Mißbrauch. Meistens geht es dabei um Fälle, in denen die Frau das Opfer und der Mann der Täter ist. Sowohl die Presse als auch die Fürsorgeeinrichtungen gehen nach wie vor von dieser Rollenverteilung aus. Dieser Umstand verstärkt das Tabu rund um sexuelle Gewalt gegen Männer und letztendlich auch gegenüber Frauen. Das ist das erste Mißverständnis.

Das zweite ist, daß mit dem In-Mode-Kommen und Publikwerden dieses Themas auch scheinbar sachverständige Helfer sich auf diesen Markt stürzen. Sie sagen, was die andern sagen, und schreiben voneinander ab. Und was dabei herauskommt wird zum einzig Absoluten erhoben. Eine Studie zu Kontakten mit professionellen Helfern weist nach, daß die Qualität der Kontakte zu wünschen übrigläßt. Viele Hilfesuchende springen über kurz oder lang ab. Eigentlich müßte einmal überprüft werden, welche Arbeitsweise funktioniert und welche nicht. So daß allmählich eine natürliche Auslese im Helferwald stattfände. Warum kann denn niemand diesen Leuten klarmachen, daß man zuallererst das Vertrauen der Opfer gewinnen muß und daß so etwas sehr schwierig sein kann bei denjenigen, die von klein auf gelernt haben, daß anderen nicht zu trauen ist? Ich würde gern sehen, daß den professionellen Helfern einmal das Zuhören beigebracht wird und daß in ihrer Schulung mehr berücksichtigt wird, was es wirklich für die Opfer bedeutet, unterdrückt zu sein, sich vor sich selbst zu ekeln, verständnislos und unverstanden zu sein. Wenn diese Helfer das schon nicht kapieren, besteht an ihrem Unvermögen, dein Vertrauen zu gewinnen, erst recht kein Zweifel und ist jede Intervention ihrerseits zum Scheitern verurteilt, weil sofort der Mechanismus von früher wieder in Funktion tritt. Ist das denn so schwer zu begreifen?

KEES

Kees ist jetzt 23 Jahre alt. Er ist vom vierzehnten Lebensjahr an sieben Jahre lang von seinem gesetzlichen Vormund, dem Direktor einer Kinderschutzeinrichtung, mißbraucht worden.

Ich wurde zum ersten Mal mißbraucht, als ich vierzehn Jahre war, und das ist auf eine ganz merkwürdige Weise passiert. Es geschah im Büro eines Direktors des Kinderschutzbundes, er war mein Vormund.

Dieser Mann hat immer darum »gekämpft«, daß meinem Vater die elterliche Gewalt entzogen wurde. In dieser Zeit bin ich viel mit ihm in Berührung gekommen. Ich lebte in einem Internat. Es war beschlossen worden, daß mein Vater mich eine Stunde im Monat sehen konnte, allerdings nur im Büro des Kinderschutzbundes. So bin ich damals zum ersten Mal zu diesem Büro gegangen und habe den Direktor kennengelernt. Er war ein väterlicher Typ, zu dem man sehr schnell Vertrauen faßt.

Nachdem mein Vater weg war, habe ich noch oben bei dem Direktor im Zimmer gesessen und gewartet. Ich zeichnete etwas; er sollte mich nämlich zurückbringen ins

94

Internat. Er nahm mich zu sich auf den Schoß, und irgendwann steckte seine Hand in meiner Hose. Von dem Augenblick an ist mein ganzes Leben zugeschlagen. Ich traute mich überhaupt nicht, etwas zu sagen, auch nicht meinem Vater gegenüber, ich schämte mich dafür. Ich wurde in mich gekehrt. Ich wurde unsicher. Er wußte meiner Meinung nach auch genau, wen er sich greifen konnte, einen, der viel umgezogen ist und ein bißchen schwach ist, so wie ich. Kurz danach ist es verschiedene Male vorgekommen.

Das ist jahrelang so weitergegangen. Ab und zu rief er mich an, und dann mußte ich wieder in sein Büro kommen. Er hatte dann etwas mit mir zu besprechen, beispielsweise was die Schule anging, meine Lebenssituation, wie es mir ging. Wenn ich dorthin kam, besprach er nicht zuerst diese Dinge, sondern mißbrauchte mich. Er hatte sogar Matratzen im Haus, die holte er dann nach oben. Er hat mir auch lauter Reisen angeboten. Diese Reisen habe ich auch angenommen, ich dachte: Was ich habe, habe ich, dann bin ich für eine Weile draußen. Mir hat jedoch nicht eine Reise Spaß gemacht; es war zwiespältig.

Wie weit diese sexuellen Kontakte gingen, will ich erzählen. Ich habe ihn nie in den Hintern gefickt oder seinen Schwanz gelutscht. Ich mußte ihn aber oft masturbieren und massieren, und dann tat er das auch bei mir. Ich fand das kein einziges Mal schön. Ich behielt davon nur einen ekligen Geschmack im Mund, es machte mich depressiv. In der Schule ging es natürlich auch nicht gut. Ich war mit meiner Aufmerksamkeit nicht dabei.

Ich wagte gegen diesen Mißbrauch nichts zu unternehmen, weil mir klar war, es mit der Macht des Kinderschutzbundes zu tun zu haben. Ein Mann, der mich ins Zuchthaus stecken konnte oder was auch immer. Wenn ich mit meinen sechzehn Jahren Anzeige erstattet hätte, hätte der Mann mich für verrückt erklärt.

Kannst du etwas von deinem Elternhaus erzählen?
Ich komme aus einer Familie mit acht Kindern, von denen ich das sechste Kind bin. Ich habe drei Brüder und vier Schwestern. Ich war schon seit meinem dritten Lebensjahr von zu Hause fort. Die Ursache ist wahrscheinlich, daß ich zu früh geboren bin, ich habe im Brutkasten gelegen. Ein Kind muß sofort nach der Geburt Liebe haben, und die bekam ich nicht. Mein Vater hat mir erzählt, daß sie mich damals eine Woche lang nicht gesehen hätten, und das könnte die Ursache dafür gewesen sein, daß keine Bindung entstanden ist zwischen mir und meiner Mutter. Ich wollte nichts von ihr wissen, aber sie auch nicht von mir. Sie hat mir später erzählt, ich sei verwechselt worden im Krankenhaus, weil ich anders sei als ihre anderen Kinder, hauptsächlich weil ich heulte. Ich habe höchstens zwei Monate in meinem Leben daheim gewohnt. Sie wollte nichts mit mir zu tun haben. Mein Vater saß zwischen zwei Stühlen, er wußte nicht, was er tun sollte. So bin ich beim Kinderschutzbund gelandet.

Ich habe eine sehr schöne Zeit gehabt in einer Pflegefamilie, da war ich sechzehn Jahre alt. Ich bin da zwei Jahre lang gewesen. Aber ich wagte dort nicht zu erzählen, was dieser Mann mit mir machte. Bei diesen Leuten habe ich zwar von meinen persönlichen Problemen erzählt, aber hierüber schwieg ich. Ich hatte Angst, daß sie Anzeige erstatten würden und daß das auf Kosten meines eigenen Lebens gehen würde.

Nachher bin ich in einem begleiteten Einzelwohnprojekt gelandet. Es war schwierig, allein zu wohnen und eigenständig zu sein. Vor allem, wenn man in sich gekehrt ist und sich nicht traut, um Hilfe zu bitten. Du findest es nicht der Mühe wert, in der Schule für dich dein Bestes zu tun, dich zu pflegen, dafür zu sorgen, daß du Freunde hast. Ich habe viel in einem Jugendzentrum gearbeitet, wo Haschisch verkauft wurde. Das habe ich dann geraucht, und das rauche ich jetzt noch. Zwar in einge-

schränktem Maß, aber ich muß sagen, daß dieses Haschisch mich gigantisch unterstützt hat. Es hat mir andere
Denkbilder verschafft: Du brauchst dir darüber keine
Sorgen zu machen, drücke es für eine Weile weg und be-
trachte es etwas sonniger. Du weißt, daß du bis zu deinem
einundzwanzigsten Lebensjahr warten mußt, aber versuche vor allem, es sonnig zu sehen. Ich empfand mich
selbst als nicht der Mühe wert, ich habe manchmal an
Selbstmord gedacht und es auch versucht. Ich hatte das
Gefühl, meine Zeit aussitzen zu müssen.

Es ging nicht in dem Einzelwohnprojekt, ich vernach-
lässigte mich. Mein Vormund sagte, er würde ein Internat suchen. Ich bin in dieses Internat gegangen. Die In-
ternatsleitung hat mir den Haschischkonsum untersagt
und auch meinem Vater davon erzählt, ohne daß ich
das wußte. Mein Vater hat den Kontakt abgebrochen, er
wollte bloß noch per Brief Verbindung mit mir. Das fand
ich sehr schlimm. Ich habe dort meinen Abschluß gemacht.

Vom Internat bin ich in ein begleitetes Wohnprojekt
übergewechselt. Das lief etwas besser, aber noch nicht
wirklich gut. Auch hier ist es nicht so gelaufen, wie es eigentlich hätte sein sollen. Die andern verstanden auch
nicht, weshalb.

Im Jahr 1986 habe ich den Mißbrauch angezeigt. Mein
Vater hat nie erfahren, daß ich mißbraucht worden bin,
ich konnte es ihm nicht erzählen. Er ist leider gestorben.
Ich habe jetzt keinen Kontakt mehr mit meiner Verwandtschaft.

Ich bekam Kontakt mit Yvonne Keuls. Über sie habe
ich einen Jungen kennengelernt, der von einem Kinderrichter mißbraucht worden war und das angezeigt hatte.
Ich bekam auf diese Weise auch einen Journalisten von
Sonja Barend ins Haus. Als meine Mutter hörte, daß ich
im niederländischen Fernsehen in Sonja Barends Talk-
show auftreten sollte, hat sie mir verboten, das zu tun. Ich

hatte ihr von dem Mißbrauch erzählt. Sie sagte, daß sie sich das schon gedacht hätte, wegen der Reisen und so weiter. Es dürfe nicht ins Fernsehen, denn dann wüßten es die Nachbarn, und das sei Schande. Einen Tag vor der Sendung wurde ich von einem meiner Brüder angerufen. Er fragte mich, ob ich an diesem Abend mit ihm ausgehen wolle. Ich verabredete mich mit ihm an einer Straßenbahnhaltestelle. Ich komme da an und erblicke meine beiden Brüder. Sie wollten mich zusammenschlagen, um den Fernsehauftritt zu verhindern. Ich habe ordentlich Prügel bezogen und bin schnell zu einem Taxi gelaufen, und der Taxifahrer hat die Polizei gerufen. Den ganzen Abend ging das Telefon; dann war es wieder mein Bruder, dann wieder meine Mutter mit allerlei Drohungen. Ich war es so leid, daß ich das Telefon kaputtgemacht habe. Sie schämten sich, weil ich mit einem Mann im Bett gewesen war. Es kam ihnen nicht in den Sinn, daß ich es vielleicht nicht schön gefunden haben könnte. Und auch nicht, daß ich die Publizität suchte, um weitere Opfer zu verhindern. Ich wollte bloß, daß der Mann seiner Funktion enthoben würde. Ich wollte, daß man in den Niederlanden wußte, daß so etwas geschah. Nach der Anzeige ist er suspendiert worden und hat eine Woche lang gesessen. Seit der Zeit ist er krankgeschrieben.

Die Sendung war 1987. Ich bin zusammen mit meinem Mentor von der Wohnung zum Fernsehen gegangen. Ich habe meine Geschichte erzählt. Alle haben aufmerksam zugehört. Hinterher kam jemand auf mich zu, der fragte, ob es in Schulen Aufklärung über sexuellen Mißbrauch geben sollte. Ich halte das für notwendig. Ich habe viel Post von Leuten erhalten, und so bin ich in Kontakt gekommen mit Frank A. von der Vereinigung gegen sexuelle Kindesmißhandlung (VSK). Ich bekam auch Post von Jungen, die selbst in Schwierigkeiten steckten. Aufgrund des Fernsehauftritts sind in den Niederlanden vom VSK verschiedene Gesprächsgruppen gegründet worden. Ich bin mit Frank bei verschiedenen Leuten gewesen, die es auch sehr schwer hatten mit sexuellem Mißbrauch. Ich bin zweimal in einer Gesprächsgruppe gewesen.

Vom einen auf den anderen Tag habe ich überhaupt nichts mehr von mir hören lassen. Ich bin zwar davon überzeugt, daß diese Gesprächsgruppen viel Gutes bewirken können, gute Unterstützung bieten. Es ist aber nichts für mich, ich kann mich da nicht völlig hineinstürzen, weil ich Angst habe, mich selbst zu verlieren. Ich bin auch zweimal zu einem Therapeuten gegangen. Auch das habe ich fallenlassen. Nicht, weil ich kein Vertrauen in den Mann gehabt hätte, sondern weil es mir nicht paßte, jedesmal diese Reise zu unternehmen. Ich kann keine Hilfe an jemandem haben, der bloß eine Stunde Zeit für mich hat, ich brauche mehr.

Ich habe immer geglaubt und ich hoffe noch immer, daß ich jemandem begegnen werde, der sagt: Komm, wir tun etwas daran, komm und wohne eine Zeitlang bei mir, damit du dich zu Hause fühlen kannst. Ein alter, weiser Mann, der schon sehr viel im Leben mitgemacht hat, der dich ein bißchen lenken kann. Das viele Umziehen hat einen vernichtenden Einfluß auf mich gehabt. Ich kann schwer Kontakte aufrechterhalten.

Zwei Wochen lang habe ich auch Kontakt mit einer RIAGG-Gruppe gehabt. Ich bin dort in Tagestherapie gegangen. Ich fand das nicht die richtige Methode; ich kam nämlich kein Stück weiter damit. Sie lassen dich reden, geben dir aber überhaupt keine Lösungen. Ich bin also auf die professionellen Hilfseinrichtungen nicht so gut zu sprechen, sie betrachten dich bloß als Objekt und nicht als Menschen. Mehr noch, ich habe das Gefühl, daß du als eine Nummer betrachtet wirst. Ich habe überhaupt nichts davon gehabt. Ich habe zwar meine Emotionen zeigen können und die Unterstützung der Leute dort gehabt, aber ich kann das nicht zusammen mit der Gruppe lösen, ich muß das individuell tun. Ich bin mit denselben Gedanken nach draußen gekommen, mit denen ich hineingegangen bin.

Tagsüber arbeite ich in einem Umweltdepot für chemische Abfälle. Ich laufe schon ein Jahr mit dem Gedanken herum, ein Haus für männliche Opfer zu gründen. Ich merke, daß noch immer davon ausgegangen wird, daß Männer stark sein müssen, hart sein müssen und nicht jammern sollen.

Was sind für dich die Folgen gewesen?
Mangel an sozialen Kontakten. Ich habe auch Erfahrungen mit Frauen gemacht. Im vergangenen Jahr habe ich eine Freundin gehabt, mit der ich auch sexuellen Kontakt hatte. Ich konnte es überhaupt nicht genießen. Ich hatte ein angestautes Gefühl innen, das mir sehr im Magen liegt. Das muß weniger werden.

Ich zweifle sehr viel an meinen eigenen Gedanken. Ich kann schwer ich selbst sein. Eine Arbeit aufzunehmen, etwas Positives angehen, das schaffe ich einfach nicht. Allerdings geht es jetzt besser als früher. Ich pflege mich besser, ich finde mich allmählich wieder der Mühe wert, und das ist sehr wichtig.

Am schlimmsten finde ich, und das klingt verrückt, daß ich nicht in Gang kommen kann, daß ich keinen Platz habe. Ich bin immer unterwegs, buchstäblich und im übertragenen Sinn. Ich habe noch kein Totalbild meiner selbst bekommen können. Ich denke, es kommt wohl auch vom Haschisch. Ich habe mich hart gemacht, ich bin nicht eins mit mir selbst. Ich denke, daß ich eine bestimmte Mauer um mich ziehe, mit der ich alles abwehre. Ich finde, daß wirklich etwas passieren muß. Meine liebste Beschäftigung ist Auto fahren. Dann kann ich sein und bleiben, wo ich will. Ich suche eine Arbeit, bei der ich ein bißchen unterwegs sein kann.

Von der Justiz bekam ich 3700 Gulden Schmerzensgeld. Der Direktor ist nicht verurteilt worden, obwohl es

100

mehrere Opfer gegeben hat. Das ist Klassenjustiz. Es hat genug Hinweise gegeben. Ich bekam denselben Staatsanwalt, der damals auch das Verfahren gegen den Kinderrichter eingestellt hat. Deshalb denke ich, daß es Klassenjustiz gewesen ist. Ich war zu spät dran, die Forderung nach Schmerzensgeld einzureichen; mit Hilfe anderer ist es mir schließlich dann doch gelungen, das Geld zu bekommen.

Es ist lächerlich, wie mit derartigen Problemen von Jungen umgegangen wird. Bist du Opfer, dann laß von dir hören. Wenn nicht jetzt, dann eben später, aber schäme dich nicht.

WILL

Will ist 33 Jahre alt und von seinem neunten Lebensjahr an eine Reihe von Malen mißbraucht worden. Er kommt aus einer Familie mit vier Brüdern und zwei Schwestern.

Was genau ist geschehen?
Zunächst kommt mir mein Onkel in den Sinn, der mich sexuell mißbraucht hat. Aber davor, und das stecke ich jedesmal ganz tief weg, ist eigentlich schon einiges gewesen bei der Pfadfinderei. Ich habe doch einen Unterschied gemacht; bei meinem Onkel habe ich es als widerlicher erfahren als bei dem Fremden in der Pfadfinderei. Die Pfadfinderei war meine erste Berührung mit Erotik, um es einmal so zu nennen.

Wie alt warst du damals?
Neun Jahre. Noch unwissend, daß es so etwas gab. Wohl wissend, daß Fangspiele oft sehr spannend waren; »fang mich, fang mich doch«, und sich dabei gegenseitig zwi-

schen die Beine greifen. Das war das erste Entdecken dessen, was ich jetzt Erotik nenne. Ich stand in der Blockhütte, dieser Leiter war da immer, also eigentlich war nichts Besonderes. Ich stand auf einer Bank und schaute auf eine Stabkarte, er stellt sich neben mich und legt seine Hand auf mein Bein. Ich habe nicht gefragt: Was soll das. Es war gleichzeitig spannend, aber auch unheimlich. Ich kapierte wohl sofort: Das hier ist unheimlich. Es ist nicht umsonst, daß hier sonst niemand ist. Ich war gelähmt dadurch, daß es an etwas Spannendes appellierte.

Das war eigentlich die allererste Erfahrung. Dieser Mann ist nicht so weit gegangen, daß er mir die Hose auszog. Aber er fuhr mit seiner Hand über mein Bein, und unter meiner kurzen Hose berührte er mein Geschlechtsteil. Das war seltsam, es fühlte sich nicht gut an. Vor allem, als ich ihn anfassen mußte.

Verlangte er das auch?

Nein, er nahm meine Hand, und die führte er direkt zu seinem Geschlechtsteil, und das fand ich eklig. Aber ich unternahm auch keine Aktion dagegen. Es ging alles durchs Hosenbein. Es hat ausgesehen, als fände ich es in Ordnung, so etwas Seltsames war das. Und ich habe später gemerkt, daß du bei der ersten Berührung einen Augenblick der Wahl hast, entweder du sagst nein oder du bist schicksalsverbunden; so habe ich das empfunden. Das hatte ich mit meinem Onkel viel stärker als mit diesem Fähnrich. Das Gefühl an sich ist das gleiche: Du kannst nicht mehr zurück. Das Geheimnis war schon sofort da, noch bevor er an meinen Geschlechtsteilen herumgemacht hatte. Die Berührung habe ich als schmutzig empfunden, ich erschrak davor. Von Orgasmus hatte ich noch nie etwas gehört. Darüber hatte ich mit Freunden auch nie gesprochen.

Ist es mit dem Fähnrich häufiger passiert?
In meiner Erinnerung komme ich nicht weiter als bis zu diesem einen Mal. Ich habe immer dafür gesorgt, daß ich nicht mehr mit ihm allein war. Ich kann mich wohl noch erinnern, daß er Situationen organisierte, in denen ich mit ihm allein hätte sein sollen. Das durchschaute ich, und das umging ich dann. Es war nicht angenehm, ich fühlte mich nicht frei. Nachdem wir umgezogen waren, ist er manchmal noch bei uns gewesen, mit der Ausrede: Wir sind zusammen bei der Pfadfinderei gewesen. Ich sehe das jetzt als Ängstlichkeit seinerseits: Das empfand ich damals auch so, bloß habe ich es nicht so benennen können; er kam ganz klar nachsehen. Ich habe damals auch nicht mit anderen darüber gesprochen.

Ich hatte das alles auch schnell wieder vergessen. Aber es kam wieder. Als mein Onkel es mit mir machte, das war ziemlich kurz danach, so um mein achtes, neuntes Lebensjahr.

Wo geschah es? Bei dir zu Hause?
Nein, es war im Auto. Meinem Onkel ging es gut, er hatte große Autos, Boote und Wohnwagen. Ich durfte immer allein mit, ich hatte eine bevorzugte Stellung. Ich war auch der Älteste, auch das älteste Enkelkind in der Familie väterlicherseits.

Und ... dann ... kurze Hose an, schönes Wetter. Er legte seine Hand auf mein Bein, und das machte das gleiche seltsame, zwiespältige Gefühl. Aber da dachte ich: He, das gehört sich nicht. Er sagte: Das findest du doch nicht schlimm, was, das haben wir doch schon öfter getan. Und da dachte ich: Mist, die wissen das voneinander. Dieser Fähnrich und mein Onkel. Ich fühlte mich wieder ohnmächtig. Eigene Schuld, dachte ich. Ich rückte in die andere Ecke des Autos.

Hat dich das nicht sehr erschreckt?
Ich hatte das Gefühl, in ein Komplott miteinbezogen zu sein. Ich fühlte mich in einer Falle, ich kann hier nicht mehr heraus, das ist organisiert. Deshalb konnte ich auch keine Erotik erleben. Ich greife vielleicht vor in meiner Geschichte, aber in diesem Augenblick beschloß ich, daß ich nichts mehr zu tun hatte mit dem unteren Teil meines Körpers. Was mit meinem Körper geschah, damit hatte ich nichts zu tun, das geschah außerhalb meiner selbst, irgendwo dort. Ich sehe mich noch, wie ich dasitze mit dem Gedanken: He, was passiert da. Als ob zwischen dem Geschehen und mir eine sehr große Entfernung läge. Das Gefühl hatte ich das erste Mal nicht so. Der große Unterschied ist, daß es mein Onkel war.

Kannst du dazu etwas mehr sagen?
Er war eigentlich auch ein bißchen Vater, er kam nämlich sehr viel zu meinen Eltern, und darum betrachtete ich meinen Onkel auch als eine Art Elternteil.

Du hattest es doch sehr schön mit diesem Onkel?
Das hat da alles für mich aufgehört. Ich bin noch ein paarmal mitgefahren, aber danach nicht mehr. Man fand es albern, daß ich nicht wollte, ich war doch der Älteste und kam doch gut mit seinen Kindern zurecht. Meine Mutter förderte das Mitfahren auch noch.

Hast du es ihr nicht erzählt?
Nein, ich dachte: Wenn du wüßtest. Ich fühlte, daß es nicht in Ordnung war, und gleichzeitig fühlte ich mich schuldig. Ich schämte mich ganz schlimm. Meiner Mutter eine solche Geschichte erzählen, das konnte ich nicht bringen, so empfand ich das.

Hattest du Angst, daß sie dir nicht glauben würden?
Eher, daß sie mich fies ansehen würden. Sie hatten also nichts damit zu tun. Ich habe das zuerst dadurch gelöst,

daß ich tat, als ob ich nichts mit meiner »Unterwelt« zu tun hätte, und anschließend, indem ich dafür sorgte, daß diese Situationen nicht mehr vorkamen. So wollte ich nicht mehr vorne im Auto sitzen. Das fanden alle seltsam, jeder war ja gerade eifersüchtig auf diesen Platz. Als mein Bruder sich nach vorne setzte, sagte mein Onkel noch: »Ach, dahinter kommst du auch noch, weshalb er nicht mehr hier sitzen will.« Ich dachte: Bah, du Schwein.

Kannst du dich noch erinnern, wie oft das mit dir und deinem Onkel geschehen ist?
Ich kann mich an einige Male nicht mehr erinnern, auch nicht bei diesem Fähnrich. Es ist vielleicht öfter vorgekommen, aber das nimmt nichts von der Spannung, die du im ersten Augenblick hast. Es ist wohl einige Male passiert.

Es geht mir nicht so sehr darum, wie oft, sondern über welchen Zeitraum hinweg es passiert ist.
Schäme ich mich jetzt doch, daß es länger war, oder was ist los, daß ich mich daran nicht mehr erinnere? (Lange Stille.) Ich kann mich wirklich nicht mehr erinnern. Ich weiß es nicht. Mit meinem Onkel setzte es sich dergestalt fort, daß ich wußte, daß es mit meinem Bruder weiterging.

Du warst der erste der Familie, den er benutzte?
Ja, als er sagte, daß mein Bruder auch noch dahinterkommen würde ... da habe ich es sicher gewußt. Und was mir für den Rest meines Lebens zu schaffen gemacht hat, ist, daß ich das nicht gesagt habe.

Deinem Bruder?
Ja, und meinen Eltern, denn nach meinem Bruder war es der Bruder, der danach kam, und dann der, der wieder danach kam. Bei meinem jüngsten Bruder hat es am läng-

sten stattgefunden. Ich hatte vier Brüder. Einer ist dabei-
gewesen, der gesagt hat: Zieh Leine, aber der hat es auch
nicht gemeldet.

Es ist also immer weitergegangen?
Ja, bei allen so im Alter von ungefähr zehn Jahren, wir
sind nacheinander drangekommen. Er hatte Interesse an
uns gerade vor der Pubertät. Wo du schon Erotik im Körper hast. Mit meinem jüngsten Bruder hat es am längsten
gedauert, fünf bis sechs Jahre.

Wann hast du das zum ersten Mal gehört?
Mein Bruder hat vor einigen Jahren zum ersten Mal davon angefangen, als er ordentlich an der Flasche hing.
Schreiend und unter Tränen, etwas theatralisch hat er gesagt: »Ich bin auch mißbraucht worden von Onkel Ben.«
Ich weiß noch, daß ich damals einer derjenigen war, der
das bagatellisierte: »Das ist mir auch einmal passiert, aber
was macht das schon. Reg dich doch deswegen nicht so
auf.« Darin haben wir uns gegenseitig bestärkt.

Und die anderen Brüder?
Die waren auch dabei, und später taten wir, als sei das alles ganz normal. Mein nächstjüngerer Bruder ist Alkoholiker geworden, hatte Phobien und war selbstmordgefährdet. Der mittlere ist sogar in einen ernsten sexuellen
Identitätskonflikt geraten. Mein jüngster Bruder (jetzt 21
Jahre alt) hat Probleme mit seiner Identität.

Wann hast du zum ersten Mal darüber geredet?
Das war erst vor anderthalb Jahren. Vor dieser Zeit habe
ich es ganz weit weggesteckt und versucht, diesem Schuld-
gefühl meinen Brüdern gegenüber eine andere Form zu
geben. Für meinen Bruder habe ich mich vor sechs Jahren
mitunter noch ins Gefecht gestürzt. Obwohl ich damals
absolut keinen Zusammenhang mit dem sexuellen Miß-

brauch hergestellt habe. Ich war im Ausland und erhielt von meiner Freundin einen Brief, daß er in einem ernsten sexuellen Identitätskonflikt steckte. Da habe ich ihm zurückgeschrieben, er solle einmal herausfinden, ob es einen Zusammenhang gebe mit dem, was er mitgemacht habe, und daß er in Therapie gehen solle.

Es hat seit meinem zwanzigsten Lebensjahr regelmäßig Momente gegeben, in denen der Mißbrauch hochkam. Ich fühlte mich schrecklich verpflichtet, mich für den Bruder einzusetzen, der nach mir kam. Mich trieb der Gedanke, daß ich bei ihm noch etwas gutzumachen hatte. Auch meine Berufswahl hat damit zu tun. Ich hatte das Gefühl, erst dann ein Daseinsrecht zu haben, wenn es gelöst wäre, wenn ich etwas für sie hätte tun können. Ich bin kein guter ältester Bruder gewesen. Das hat mich bedrückt. So habe ich einmal aus einem ganz anderen Grund, als mein Onkel sich daheim bei meinen Eltern mit seiner Frau stritt (ich wohnte da schon nicht mehr zu Hause), gesagt: »Wenn du bloß hierherkommst, weil du es auf deine Frau abgesehen hast, dann bleib lieber weg.« Da ist er wütend zur Tür hinausgegangen und nie mehr hereingekommen. Es schien, als ob jeder es gut fand, daß ich das gesagt hatte, aber ausgesprochen wurde das nicht. Nur mein jüngster Bruder fand die Situation im nachhinein ziemlich unheimlich. Er hat noch immer Angst. Sehen Sie, mein Onkel beschäftigte sich mit okkulter Wissenschaft. Er kann einen wahnsinnig gut beeinflussen, das geht sehr weit. Das ist für mich und meinen Bruder sehr beängstigend gewesen; was kann so jemand alles?

Wirklich darüber zu reden, das hat erst vor anderthalb Jahren angefangen. Ich bin einer Frau begegnet, die eine ganze Reihe psychiatrischer Einweisungen hinter sich hatte. Sie erzählte, wie sie mit sich umging und wie sie umging mit Beziehungen und was ihr nachts den Schlaf rauben konnte. Ich dachte: Mist, das hört sich ja an wie meine Geschichte. Und deshalb habe ich zu ihr gesagt:

»Es muß etwas Widerwärtiges in deinem Leben passiert sein.« Da fing sie an zu weinen und erzählte ihre Inzestgeschichte. Mir wurde ganz mulmig, denn meine Geschichte kam mir auch hoch. Von dem Moment an habe ich gedacht: Jetzt muß ich etwas unternehmen. Das ist der Wendepunkt gewesen. So bin ich selbst in Therapie gegangen und habe es meinen Freunden und meiner Freundin Margriet erzählt.

Wie haben die reagiert?
Erstaunt. Ich weiß noch, daß ich es damals nicht ertragen konnte, wenn sie sagten, ich bräuchte mich nicht schuldig zu fühlen. Das klang für mich damals unglaubwürdig, ich mißtraute dem. Daß sich an meiner Beziehung nichts verändert hatte, fand ich wunderbar. Meine damalige Freundin Margriet hat sehr warm reagiert. Ich fühlte mich bei ihr daheim wie in einem vertrauten, sicheren Hafen. Ich hatte eine sehr warme Verbindung zu ihr. Was zu meinem Bedauern nicht ausreichte, eine vollständige Herzensverbindung mit ihr zu haben oder wachsen zu lassen. Auch wenn sie die Frau war, mit der ich Kinder wollte. Es war mehr die Geborgenheit einer angenehmen, weiblich-mütterlichen Wärme. Ich war glücklich und gehörte dazu, auch sozial gesehen. Doch dem Weg meines Herzens folgend habe ich sie zusammen mit all der Sicherheit doch loslassen müssen, so wie sie mich. Auch diese Phase habe ich gebraucht, um mich frei zu machen. Ich danke ihr von ganzem Herzen für die glückliche und angenehme Zeit.

Du bist jetzt ein Jahr in Therapie?
Irgendwann habe ich meinem Onkel einen Brief geschrieben. Er hätte die Finger von mir lassen müssen. Es war verdammt noch mal seine Verantwortung. Ich verlangte, daß er die Verantwortung übernehmen sollte für das, was er mit mir und meinen Brüdern getan hatte. Und ich wollte ein Bekenntnis von ihm. Das hat doch noch zu einem

Tumult geführt. Die ganze Familie hat miteinander im Streit gelegen. Ein anderer Onkel wollte als Vermittler auftreten, und der hatte wiederum einen Priester, dem er vertraute. Zu dem ist mein Onkel gegangen, also das war in Ordnung. Zugleich zeigte meine Verwandtschaft in ihren Reaktionen das Verhalten, wie es in dieser Gesellschaft üblich ist. Sie wollten die Wahrheit nicht sehen. Mir wurde vorgeworfen, daß das, was ich jetzt tat, nämlich es öffentlich zu machen, schlimmer sei als das, was mein Onkel getan habe. Ich sei jetzt nämlich dabei, sein Leben zu zerstören. Ich wurde auch bedroht von einem Betreuer meines Onkels; der wollte, daß ich aufhörte, es bekannt zu machen, daß ich alles zurücknehmen sollte, sonst würde er dafür sorgen, daß ich meine Stellung verlor. Er meinte, ich solle mir genau überlegen, was ich meinem Onkel antue, der sei nämlich ganz schlecht dran, und das sei meine Schuld.

Zuletzt hatte ich, auch um allerlei Loyalitätskonflikten Rechnung zu tragen, beschlossen, meinem Onkel einen Brief zu schicken. Ich wollte mit ihm abschließen und damit nicht auf ihn warten. Es war bestimmt nicht, weil verlangt worden war, daß ich die Klage zurückziehen sollte.

Meine Familie wurde auch durch meinen Bruder, der alkoholkrank und selbstmordgefährdet war, mit dem Mißbrauch konfrontiert.

Wie haben deine Eltern reagiert?
Als ich den Brief schrieb, war die Reaktion meines Vaters: »Es ist gut, ich stehe hinter dir.« Meine Mutter hat sich einmal bei Tisch entfallen lassen: »Ist es nicht besser, du läßt es ruhen?« Daraufhin habe ich erzählt, wie ich mich immer gegenüber meinen Brüdern gefühlt habe. Da haben alle gesagt: »Was für ein Unsinn!« Jeder ältere Bruder nämlich hatte sich dem jüngeren Bruder gegenüber genauso gefühlt. Es sei nicht nötig, daß ich mich für sie alle verantwortlich fühle.

Mein Vater reagierte, und das fand ich so außergewöhnlich, wirklich ganz anders. Ich hatte meinen Brüdern und Eltern nämlich nicht nur den Brief, sondern auch einige Zeitschriftenartikel geschickt. Sie konnten dem also nicht ausweichen. Mein Vater hatte die ganzen Sachen gelesen und meinte, er habe verstanden, daß es so nicht funktioniere. Er hat also ganz klar geäußert, daß er verstanden hatte, was es damit auf sich hatte. Er hat sogar gesagt, es sei ganz gut, daß so lange gewartet worden sei, mein jüngster Bruder sei nämlich erst jetzt soweit, darüber reden zu können. Das Schöne ist, daß er gesagt hat: »Du hast natürlich nie etwas gesagt, weil ich sonst direkt zu Onkel Ben gegangen wäre, um ihn zusammenzuschlagen.« Ich erwiderte: »Ein solcher Gedanke wäre mir immer gelegen gekommen, aber das ist nicht der Grund gewesen.« Das hat ihn gewundert. »Nein, Papa, es war, weil ich Angst hatte, du würdest mich nicht mehr als Sohn betrachten, als ganzen Kerl, mich als Mann mißbilligen.« Daraufhin ist er ganz still geworden.

Hatten die schon früher etwas geahnt?
Nein, absolut nicht. Sie kamen gar nicht auf die Idee, weil mein Onkel als richtiger Schürzenjäger galt, als großer Charmeur.

Siehst du irgendwelche Zusammenhänge zwischen deiner Situation daheim und dem Mißbrauch?
Mein Vater hatte zu der Zeit keine klar sichtbare Vaterrolle. Er war zwar da, aber ich empfand mich schon mit zehn Jahren als den Vater meiner Brüder. Meine Mutter war eine Mutter von Kopf bis Fuß, aber innen war sie eine ängstliche Frau, und das hat sie unbewußt weitergegeben. Hundertprozentig sicher fühlte man sich daheim nicht. Du wußtest als Kind nicht, ob du ganz so sein durftest, wie du warst. Ich denke, daß das einen Unterschied gemacht hat. Meine Eltern sind jetzt selbst in Therapie,

110

und ich glaube, meine Mutter spürt jetzt, daß sie etwas nicht gehabt hat, was diesen Mißbrauch hätte verhindern können.

Meine Mutter hätte mit uns die Erotik entdecken müssen, und das hat sie nicht getan. In meiner Jugend bin ich regelmäßig auf einem Bauernhof gewesen, und dort wurde sehr offen damit umgegangen, wie Tiere Junge bekommen. Ich bin nach Hause geradelt und habe gedacht: »Bei Kühen geht es so, bei Schweinen geht es so, also geht es bei Menschen auch so.« Ich sehe meine Mutter noch, wie sie dastand und die Fenster putzte. »Du Mama, hör mal, jetzt habe ich doch etwas entdeckt.« Ich habe sie ganz direkt gefragt: »Tun Menschen es auch so?« Sie steigt von der Trittleiter und sagt: »Tja, also, das weiß ich nicht, da mußt du einen Priester fragen.« Ich war acht Jahre alt.

Haben dein Vater und deine Mutter daheim über Sexualität gesprochen?
Nein. Ich muß wohl Erotik ausgestrahlt haben. Ich weiß jetzt, daß sie damit nicht recht umzugehen wußten. Ich erinnere mich noch an einen Satz meiner Mutter, in dem sie sagte: »Nackte Männer sind so ekelhaft«; damit wollte sie nichts zu tun haben. Wenn man in Unterhosen herumlief, sagte sie: »Ach, bist du aber schwer gebaut«, wobei das gar nicht stimmte. Sie hat von zu Hause auch nichts mitbekommen, um gut mit Sexualität umgehen zu können. Es ist kein Vorwurf, aber eins greift wieder ins andere.

Mein Vater war zu dieser Zeit kein einfühlsamer Mensch, und das ist er sehr lange nicht gewesen. Jetzt allmählich wird er für mich zu einem Vater. Seine Jugend war arbeiten. Immer hat er gearbeitet. Ich kann mich nicht erinnern, daß er da war. Ich fühlte mich in seiner Abwesenheit als Ältester wie der Ehemann meiner Mutter. Wenn er da war, war ich wieder nichts. Ich war weder das eine noch das andere. Ich war kein Kind mehr.

Doch will ich mit alledem nicht sagen, daß mein Vater und meine Mutter Schuld haben. Sie haben damals getan, was sie konnten. Ich bin meinen Eltern dankbar für das Leben und alles, was sie dazu beigetragen haben. Denn gerade weil sie so sind, wie sie sind, haben sie mir die Möglichkeit gegeben, zu werden, wer ich bin, und dafür bin ich sehr dankbar. Ich sehe dies alles auch weiterhin als einen Moment der Entwicklung. Ich glaube also nicht, daß man als Person immer Opfer der Eltern und der Umgebung bleibt. Man ist auch Schöpfer des eigenen Daseins, und es ist nicht richtig, die Verantwortung dafür außerhalb seiner selbst anzusiedeln.

Mein Onkel hatte die Wahl aus einer Vielzahl von Familien, die er kannte; weshalb hat er gerade unsere Familie genommen? Er hat wohl intuitiv gespürt, daß unsere Familie für seine Eskapaden geeignet war.

Das Wichtigste, was es über daheim zu sagen gibt, ist, daß es keine wirkliche Sicherheit gab. Die Entwicklung meines Selbstwertgefühls ist durch den Inzest ins Stocken geraten. Unsicherheit und Minderwertigkeitsgefühle sind gewiß eine Folge des Inzests gewesen, ebenso wie ein riesiges Mißtrauen gegenüber anderen. Ich hatte enorme Angst, mich zu binden, und hatte entsetzliche Angst, abgewiesen zu werden. Das hieß also, immer dafür zu sorgen, daß du der Schnellste bist; auf der Hut sein; sorgen, daß du alles gut machst, aber nie die Ruhe haben, dich selbst zu akzeptieren. Meine Entscheidung für einen Pflegeberuf und für eine fürsorgliche Lebenseinstellung hat damit zu tun. Obwohl das auch damit zu tun hatte, daß ich der älteste Bruder war und mir die Schuld gab, daß es auch mit den anderen geschehen ist. Ich konnte das damals nicht relativieren.

Für andere zu sorgen dient als Kompensation für Macht, für dasjenige, was mir abgenommen worden ist. Durch den Mißbrauch ist mir das Daseinsrecht genommen worden, und an dessen Stelle ist als Ersatz das Sorgen für andere getreten. Ich habe mich hierzu entschieden, weil ich das Gefühl hatte, nirgendwo dazuzugehören, keine Identität zu haben. Ich mußte mir mein Dasein und die Liebe verdienen und Buße tun, um irgendwo dazuzugehören. Für mein Gefühl stand ich in der Schuld meiner Brüder, meiner Eltern, von Frauen und Männern. Wem gegenüber mußte ich loyal sein, zu wem gehörte ich nun? Jetzt weiß ich, daß ich zu mir selbst gehöre und den Identitäts- und Loyalitätskonflikt in mir selbst lösen muß. Ich hätte auch einen anderen Daseinsersatz wählen können, so hätte ich ebensogut Täter oder Alkoholiker werden können, um derart mein Daseinsrecht zu erwerben. Das Ganze muß man als einen Prozeß betrachten, den man loslassen und in Richtung auf ein eigenes Daseinsrecht transformieren muß, und das ist ein langer Weg.

Hast du denn noch Lust, in einem Pflegeberuf tätig zu sein?
Augenblicklich habe ich keine Lust mehr dazu. Aber das wird dadurch zu lösen sein, daß ich die Dinge auf meine Weise tue. Ich habe zu sehr die Verantwortung von anderen übernommen, und das tue ich jetzt nicht mehr. So bin ich auch mit meinen Freunden umgegangen, und darum hat diese Geschichte von der Frau, die erzählte, wie sie mit Beziehungen umging, mich so in Verwirrung gebracht. Das erkannte ich wieder. Ich tat meinen Freunden gegenüber auch so, als sei ich der fürsorgliche ältere Bruder. Ich habe Beziehungen gehabt, in denen Leute ganz klar diesen Teil von mir brauchten, und wenn sie dann darüber hinauswuchsen, war ich verletzt.

Diese Briefaktion an meinen Onkel hat in mir eine Menge Energie freigesetzt. Die Periode, in der ich Anerkennung als Opfer forderte, war für mich sehr wichtig, und man hat die Neigung, dort hängenzubleiben. Ich habe von anderen einen Tritt in den Hintern gebraucht, um da herauszukommen. Und wenn man das durchschaut, tut man das auch bei andern.

113

Hat der Mißbrauch auch Einfluß auf deine Sexualität gehabt?

Ich habe jahrelang gemeint, keine Sexualität zu haben, asexuell zu sein. Ich hatte entsetzliche Angst, bis zu meinem zwanzigsten Lebensjahr, daß ich es nicht können, daß ich keine Erektion bekommen würde. Angst, als Mann abgewiesen zu werden. Spielchen mit Jungen waren sehr interessant und spannend, und denen bin ich nicht aus dem Weg gegangen. Das war sicher, und die Grenzen waren klar, weil es oberflächlich bleiben würde. Sobald es mit Frauen zu tun hatte, bekam ich Angst, es nicht zu können und kein Mann zu sein. Mit Jungen hatte ich das Problem nicht. Das ist sehr verwirrend für mich gewesen. Bin ich zuletzt doch ein Homosexueller?

Das hat sich geändert durch meine frühere Freundin A., die eine vergleichbare Vergangenheit hatte. Sie hat bei mir entdeckt, daß Sexualität sehr angenehm sein kann, und ich habe das bei ihr entdeckt. Sie hat mir auch die Verwirrung genommen und mir das Gefühl gegeben, vollständig zu sein. Von ihr und durch sie habe ich auch gelernt, daß Sexualität mit Liebe verbunden ist, das hatte ich noch nie zuvor gehabt. Ich fühlte mich Frauen gegenüber endlich als »Mann«, und ich wagte es wieder, mich als Mann zu bezeichnen. Der Identitäts- und Loyalitätskonflikt gegenüber Männern und Frauen war da endlich extern gelöst und ist es inzwischen auch intern. Sexualität und Liebe waren wieder miteinander verbunden, auch wenn ich das nur schwer zu glauben wagte. Daß Liebe und Sexualität eins sind, tat auch weh, weil ich noch nicht wußte, wie ich damit umgehen sollte. Zugleich hatte ich Angst, das Gefühl des Mann-Seins zu verlieren, weil das noch immer stark von der Bestätigung durch das Gegenüber abhing.

114

Was hat dir sonst noch geholfen?
Ich habe dafür gesorgt, daß ich Glück hatte. Ich habe meinen Praxisbegleiter gefragt, ob er einen Therapeuten kenne, der sich mit männlichen Opfern beschäftigt. Ich wußte also schon, daß der mich verstehen würde. Ich brauchte ihm nicht alles von Anfang an zu erklären. Ich konnte erwarten, nicht mit Unwissenheit konfrontiert zu werden. Den Termin zu vereinbaren war sehr spannend. Es war sehr befreiend für mich, daß der Kontakt ganz selbstverständlich war.

Was war das Beste an diesen Gesprächen?
Anfangs habe ich über andere erzählt. Das ist dem Therapeuten aufgefallen, und er fragte: »Was ist deine Geschichte?« Das war ein guter Einstieg. Ich fühlte mich für alles und jeden verantwortlich, und das war auch meine Ausstrahlung. Er hat mich darauf angesprochen: »Wenn du das weiter kultivieren willst, lasse ich die Finger davon.« Das hat mich sehr böse gemacht, weil ich ja gerade nicht mehr für andere leben und sorgen wollte. Was auch geholfen hat, ist, daß er mich anfangs etwas gebremst hat in meinem Bestreben, alles ganz schnell lösen zu wollen. Er hat auch von sich erzählt, das war gut für mich, ich konnte mich wiedererkennen. Er hat auch erzählt, wie der Mißbrauch von den Opfern empfunden werden müsse, nach allem, was er darüber gehört und gelesen hatte. Das gab mir ein ruhiges Gefühl. Ich hatte einen Ort, an dem ich mich, ohne mich beweisen zu müssen, als Opfer anerkannt fühlte.

Mir ist bewußt, daß ich mich damals aufgrund der Machtstellung meines Onkelns nicht gegen den sexuellen Mißbrauch habe wehren können. Ich habe geglaubt, dazu verurteilt zu sein, nicht wirklich zu leben, und hatte mein Leben, oder was davon übrig war, auch so aufgebaut. Wohl hatte ich immer dieses nagende Gefühl, das alles nicht wirklich »verdient« zu haben, und indem ich mich aufopferungsvoll gab, hoffte ich, irgendwann doch auch etwas zurückzubekommen. Das hat absolut nicht funktioniert, nur manchmal für kurze Zeit. Deshalb war es für mich auch so schmerzhaft, mir selbst die Vorstellung zu gestatten, nicht verantwortlich zu sein für die Vergangenheit. Eine Zeitlang stimmte mein Selbstbild nicht mehr und spürte ich keinen Boden mehr unter den Füßen. Indem ich es bekanntmachte und meine Empörung sich völlig auf meinen Onkel richtete, wurde eine bis dahin unbekannte Energie in mir frei, zusammen mit dem Bewußtsein, daß die Vergangenheit mir auch viel Kraft gegeben hat. Ein starkes Gefühl für das, was echt ist an Menschen.

Was mir im Lauf der Jahre immer mehr zugesetzt hatte, war, daß ich keinen wirklich tiefen Kontakt zu mir selbst und mit jemand anderem hatte. Trotzdem habe ich ein tiefverwurzeltes Bedürfnis nach Kontakt und Liebhaben, doch dieses Bedürfnis blieb unbeantwortet. Durch meine Therapie und meine heutige Existenz habe ich entdeckt, daß man als erstes imstande sein muß, sich selbst liebzuhaben, bevor man einen anderen Menschen liebhaben und von diesem Liebe empfangen kann. Aus diesem brennenden Schmerz habe ich den Mut geschöpft, mich zu befreien.

Jetzt habe ich mich wieder kindlich lieb. Ich erfahre, daß ich mich wieder mit andern verbinden kann. Ich kann jedem Opfer versichern, daß es mehr als lohnend ist, sich durch seinen Schmerz hindurchzuarbeiten, dem Leben entgegen. Ohne Krise keine Veränderung. Nur mit und in Liebe zu dir selbst ist Befreiung erst möglich, so daß du selbst wieder unabhängig von anderen liebhaben kannst und einen anderen daran beteiligen kannst und umgekehrt.

Es ist wunderbar, unabhängig zu sein, zu allen Zeiten wieder auf mich selbst zurückgreifen zu können. Einen anderen zwar zu brauchen, aber nicht mehr von ihm oder ihr abhängig zu sein, das verschafft enorm viel Freiheit. Wenn es dir gelingt, die Kraft zu sehen und zu erfahren, die du für dein Opferdasein benötigt hast, und den Mut, durch das alles hindurchzugehen, wird all diese Kraft und Energie frei für dich selbst. Manchmal wage ich das noch gar nicht zu glauben, aber immer wieder fühle ich sie fließen, und dann denke ich: Was für ein Geschenk. Niemand kann mir die Liebe zu mir selbst und zum Leben mehr nehmen!

Ich habe allerdings auch bemerkt, daß diese neue Sicht noch keine Garantie dafür ist, auch mit einer anderen Person eine gleichwertige Herzensverbindung einzugehen. Wohl war es die notwendige Vorbereitung hierzu. Als ich nämlich diesem anderen begegnete, der mein Herz berührte, riß das meine letzte Mauer nieder, und das hat sich angefühlt wie Sterben. Ohne die Liebe dieses andern und meine eigene Liebe hätte ich es nicht geschafft. Meine Kinderängste machten letzte kräftige Zuckungen, ehe ich mich völlig hingeben konnte. Ich danke meinem Freund Paul hierfür so sehr und so intensiv, wie ich es nur vermag.*

*Diese Geschichte von Will van der Cour ist seinem Herzensfreund Paul gewidmet, unter dem Titel: »In und durch die Scham hindurch aus Liebe.«

ANLAGE   DEN HELDER, DEN 20.11.1990

An Onkel Ben und die, die es angeht!

Dieser Brief dient dazu, Unklarheiten soweit wie möglich zu beseitigen. Zugleich möchte ich weitergeben, was meine Befreiung und meine Erfahrung mir an Einsicht und Gefühl erbracht haben. An erster Stelle ist es nie meine Absicht gewesen, Recht zu sprechen. Meine Absicht war und ist, daß durch das Offenlegen meiner Inzestvergangenheit alle ihre eigene Verantwortung in dieser Sache übernehmen können. Sowohl die Opfer, der Täter, Eltern und alle, die es angeht, werden ihren eigenen Weg gehen müssen, die Schuld und die Scham und den Schmerz hinter sich zu lassen. Ob dieser Weg über Therapie, Gebet oder Auf-sich-beruhen-Lassen verläuft, ist jeweils eine persönliche Entscheidung. Ich selbst bin den Weg über die Therapie gegangen und mit Freunden, die für mich nötig waren, um dem Opferdasein zu entsagen. Mir ist klar, daß dieser Weg für andere genauso schwierig ist. Ich habe allerdings einen Wunsch: Es wäre gut, wenn alle Parteien sich eines Tages wieder die Hand schütteln könnten. Ob es soweit kommt, weiß ich nicht, und es liegt nicht an mir allein. Ich selber stelle keine Bedingungen an wen auch immer. Ich kann Dich jetzt als normalen Menschen sehen, der gerungen hat mit seiner Sexualität und seiner sexuellen Verwirrung. Doch hättest Du Dir dabei wohl Rechenschaft ablegen müssen darüber, daß Du ein Erwachsener mit Elternfunktion warst. Ich bitte um Entschuldigung dafür, daß ich auf meinem Weg zur Befreiung Mittel verwendet habe, die über das Ziel hinausgeschossen sind und Verwandte ungefragt in Verlegenheit gebracht haben.

Alles Gute,   WILL VAN DER COUR

ALBERT

Albert ist geboren und aufgewachsen in der ländlichen Provinz Drenthe und wohnt noch immer dort. Er lebt jetzt allein und ist 48 Jahre alt. Während seiner Mittelschulzeit wurde er von einem älteren Cousin mißbraucht.

Wie war die Situation bei euch zu Hause?
Ich komme aus einer Bauernfamilie mit sechs Kindern. Die ältesten drei und die jüngsten drei liegen acht Jahre

auseinander. Ich bin einer der jüngsten drei und habe einen Zwillingsbruder. Mein Zwillingsbruder war viel stärker als ich, lernte besser, leistete mehr. Ich durch meine Behinderung nicht. Ich habe eine Reihe verwachsener Rückenwirbel. Man hat immer gedacht, es sei Rheuma, aber das ist es nicht. Jahrelang bin ich falsch behandelt worden. Mit zwölf habe ich ein halbes Jahr meinen Oberkörper in Gips gehabt, weil man meinte, mein Rücken würde sich aufrichten, während ich wuchs. Aber offensichtlich ist die Behinderung angeboren. In meiner Jugend ist das ignoriert worden. Diese Behinderung hatte unter anderem zur Folge, daß ich als untauglich eingestuft worden bin für meine Arbeit.

Ich habe viel Mühe gehabt, einen eigenen Platz in dieser Familie zu finden. Die größten drei waren ein Stück älter und hatten ihre eigene Arbeit. Wegen meiner Behinderung konnte ich die schwere bäuerliche Arbeit nicht tun, und dann bist du mehr oder weniger dazu verpflichtet, in der Küche zu helfen. Du bist die Mamsell, denn du bist nicht kräftig genug. Man nennt dich einen Träumer. Mein Bruder und ich sind keine eineiigen Zwillinge, aber wir wurden doch miteinander verglichen. Was er kann, mußt du auch können. Mein Bruder war gut in der Schule, aber ich nicht. Er war immer der Bessere, was Leistungen anging. Ich konnte mich nicht konzentrieren, ich sah lieber nach draußen. Ich habe immer mit meinem Bruder in einer Klasse gesessen; die Schule ist also beinahe ein Gefängnis für mich gewesen.

Meine Eltern hatten sehr viel zu tun, mit dem Bauernhof und dem Vereinsleben. Außer uns lebten auch noch ein Onkel und ein Großvater im Haus. Durchschnittlich saßen wir zu zehnt am Tisch, und ab und zu kam noch ein Knecht oder eine Magd dazu, wenn es viel Arbeit gab. Zehn Menschen, von denen ich glaubte, sie alle hätten einen Platz und ich nicht. In der ganzen Umgebung war das so, zwei bis drei Generationen in einem Haus.

Etwas auszudiskutieren wurde einem nicht beigebracht. Es wurde auch nicht geschmust. Ich kann mir nicht vorstellen, irgendwann einmal einen Gutenachtkuß bekommen zu haben. Komplimente wurden auch sehr wenig verteilt.

Mein Opa fing irgendwann an zu verkalken. Er dominierte die ganze Familie, man mußte nämlich Rücksicht auf ihn nehmen. Als ich die Aufmerksamkeit meiner Eltern am meisten gebraucht hätte, richtete die sich völlig auf Opa. Die Kinder schickten sie in den Wald, buchstäblich. Geh nach draußen, wenn du hier nicht still sein kannst. Wir waren alle zusammen in einer Musikkapelle, aber daheim zu üben war sehr schwierig, denn dann wachte Opa auf. Man mußte immer teilen, die Anzüge der anderen auftragen. Es hat sehr lange gedauert, bevor ich imstande war zu akzeptieren, daß das, was hier im Haus steht, mir gehört und daß ich das nicht zu teilen brauche. Als Kind bekam ich nicht die Gelegenheit, eine eigene Identität zu entwickeln und nach außen hin zu zeigen.

Was ist geschehen?
Ich war dreizehn, vierzehn, als mein Cousin für einige Zeit zu Besuch kam; er war vier Jahre älter. Bei uns daheim gab es keine Aufklärung, es wurde nicht über Gefühle gesprochen, die steckte man lediglich weg. Es wurden nur schmutzige Witze erzählt. Mein Cousin dagegen war aufgeklärt, und er wußte allerlei Spielchen, auf sexuellem Gebiet. Ich wurde von ihm eingeweiht, nicht begreifend, daß ich einfach benutzt wurde. Damals war es noch strafbar, wenn Mitglieder des gleichen Geschlechts miteinander Geschlechtsgemeinschaft hatten. Ich bekam sofort von Anfang an zu hören: Du darfst hierüber nicht sprechen. Ich kapierte wohl, daß er dann in Schwierigkeiten geraten würde, er kam aus einer ordentlichen Familie, da geht das natürlich nicht. Ich mußte ihn jeden Abend masturbieren. Er kam zu mir ins Schlafzimmer, und als

Belohnung besorgte er mir einen Orgasmus. Ich schlief nicht allein auf einem Zimmer, sondern ging eher zu Bett, und die Augenblicke paßte er immer ab.

Seine Augen, die sehe ich noch vor mir. Das sind tote Augen, er hat das Gefühl bei mir getötet. Ich habe das aufgeschrieben.»Seine Worte machten mich schweigen. Seine Hände streichelten mich von innen tot. Sein Sperma ertränkte mein Gefühl. Kaputtgefickt durch sein Machtgefühl.«

Das hat vier Jahre gedauert, fast die ganze Sekundarschule hindurch, alle Sommerferien. Dann kam er am zweiten oder dritten Tag zu Besuch. Zu Anfang fand ich das ganz schön, ich blickte zu ihm auf. Was war ich schließlich schon? Damals fand ich die sexuellen Handlungen auch angenehm, später bekamen sie für mich etwas Zwanghaftes. Aber ich war nicht wehrhaft genug, um zu sagen, er solle damit aufhören. Es ging eine gewissermaßen hypnotische Kraft davon aus.

Wenn die Sommerferien näherrückten, gab es ein schreckliches Gefühl der Spannung. Einerseits hatte das etwas Anziehendes, andererseits war da dieser Machtunterschied. Er setzte einfach Macht ein. Ich empfand einen gewissen Schauer. Du hast nicht darüber geredet, das einzige, was du getan hast, ist schweigen. Ich habe tatsächlich dreißig Jahre lang geschwiegen.

Er war der Augapfel meiner Mutter. Ich habe anfangs mit meiner Mutter darüber gesprochen. Ich habe gesagt, daß Jan mit seiner Hand in meiner Hose herummache. Sie sagte, das hätte ich bestimmt selbst provoziert, denn Jan tue so etwas nicht. Also, rumms, du sprichst nicht mehr darüber, du läßt es halt geschehen.

Ich suchte Anerkennung, ich suchte Aufmerksamkeit, und die bekam ich bei ihm wohl. Auf eine falsche Art und Weise. Man hatte ein kleines Geheimnis zusammen, und das wuchs zu einem großen Geheimnis heran. Er sagte, ich dürfe es nicht meiner Mutter erzählen, sonst ...Was dann passieren würde, hat er nie gesagt. Hätte er das bloß getan, dann hätte ich es ausprobieren können. In dem Augenblick dachte ich: Er ist der einzige, der mir Aufmerksamkeit schenkt. Tagsüber zog er mehr mit meinem Zwillingsbruder umher. Also dachte ich abends im Bett: Jetzt bin ich wichtiger als mein Zwillingsbruder. Zu Anfang fand ich das auch angenehm. Später wuchs die Spannung, weil es verboten war. Siehst du, daß ich mich traue, war das Motto.

Wie ist das weitergegangen?
Während meiner Pubertät entwickelten sich meine homosexuellen Gefühle. Aber gegen Ende der fünfziger Jahre war das absolut nicht erlaubt. Ich versteckte es nach allen Seiten hin. Ich dachte damals, mein Cousin wäre auch homosexuell und würde es vielleicht schätzen, wenn ich selbst die Initiative ergriff.

Ich war ungefähr sechzehn und er Anfang zwanzig, als ich einmal in den Weihnachtsferien zu ihm nach Hause kam. Ich hatte durchaus Lust zu einem Spielchen: Nein, tun wir nicht, hat er gesagt. Dann stürzt deine Welt ein. Ich verstand nicht, was los war. Diese Art, abgewiesen zu werden, nein. Ich empfand nur diese scheußliche Erniedrigung. Dann sagst du weiter nichts mehr. Über Gefühle redeten Jungen damals nicht. Diese Art der Ablehnung war so grob. Ich bin nicht wehrhaft erzogen worden, sondern sehr behütet. Ich fühlte mich benutzt. Dein ganzes Gefühl wird eingeschlossen, du gefrierst. Auch dadurch, daß du jahrelang nicht darüber sprichst.

Als er mich abwies, habe ich versucht, die Zeit über, die ich dort blieb, ganz normal zu bleiben. Ich fühlte mich miserabel, leer, benutzt, wie aus zweiter Hand. Wie ein altes Staubtuch. Danach hat es so gut wie keinen Kontakt mehr wie früher gegeben. Er hat seine Selbstbefriedigung als Instrument gebraucht. Er hat auch einmal versucht, mit mir zu bumsen, aber das klappte nicht. Ich fand es auch überhaupt nicht angenehm. Sich lieben und schmusen, was mein Bedürfnis war, tat er nicht. Es war einfach nur einen Orgasmus bekommen.

Hast du darüber gesprochen?
Nach dem einen Mal mit meiner Mutter habe ich nie mehr mit jemandem darüber geredet. Innerhalb der Verwandtschaft bis heute nicht. Das hat keinen Sinn. Ihre Welt ist so ganz anders. Die meisten haben in einen Bauernhof eingeheiratet, nur ihr kleines Gebiet ist von Belang. Ich denke nicht, daß zu Hause jemals einer etwas gesehen hat. Ich habe nie irgendeine Bemerkung dazu zu hören bekommen. Oder sie haben wohl etwas gesehen, aber nichts gesagt. Denn Sex, darüber spricht man nicht. Das hat alles gleichermaßen heimlich zu geschehen.

Er kam selbst aus einer Familie mit einem autoritären Vater. Er hatte einen älteren Bruder, der sehr viel besser in der Schule war als er, das war das gleiche wie zwischen mir und meinem Zwillingsbruder. Und er ist daran zugrunde gegangen. Die Familie hat ihn einfach zu uns nach Drenthe aufs Land geschickt. Ich glaube jetzt, daß er das Gefühl der Unterdrückung durch seinen älteren Bruder wiederum an mich weitergegeben hat.

Ich habe keinen Umgang mehr mit ihm und auch nicht mit meinem Zwillingsbruder. Ich sehe sie auf Geburtstagen in der Verwandtschaft, weiter nicht. Ich habe einmal, vor ungefähr fünf Jahren, versucht, mit diesem Cousin zu reden. Er ist verheiratet. Seine Reaktion war: Ach, das ist schon so lange her, ist das immer noch ein Problem für dich? Dann ist so ein Gespräch schnell zu Ende.

Und deine homosexuellen Gefühle?
Jahre später bekam ich zu hören: Durch das, was vorgefallen ist, bist du homosexuell geworden. Aber ich drehe es um. Wenn ich diese homosexuellen Gefühle nicht gehabt hätte, wäre es nicht passiert.

Ich war verheiratet. Das ist eine Flucht gewesen. Mit siebzehn oder achtzehn wußte ich, daß ich mich zu Jungen hingezogen fühlte. In der vierten Klasse habe ich einen Freund gehabt, mit dem der sexuelle Kontakt klappte, aber alles mußte heimlich stattfinden. Das Wort Homosexualität gab es damals in dieser Gegend noch nicht. Ich weiß zwar, daß damals ein paar Jungen von dem Verein, der heute COC heißt (Dachorganisation der niederländischen Schwulenbewegung, d. Ü.), an der Schule Flugblätter verteilten. Ich habe eines genommen, und das hat der Direktor der Schule gesehen. Ich mußte zu ihm kommen. Und es sei schmutzig und es sei sonst was, und es sei strafbar. Dieser Weg war mir also auch verschlossen. Und dann denkst du, wenn ich keine Frau bekomme, zähle ich nicht mit. Wenn du nur etwas anders warst, warst du schon draußen. Ich fand klassische Musik schön; auch das war verrückt.

Als ich Anfang zwanzig war, habe ich ein Verhältnis gehabt. Das ging vorne und hinten nicht. Sie war viel jünger, und Sexualität, das ging einfach nicht. Ich fand überhaupt nichts Schönes dabei. Danach habe ich bis achtundzwanzig nichts gehabt, Kontakte mit Männern waren auch nicht möglich. Ich wußte, daß es in der Stadt zwar Schwule gab, aber das war so weit weg, eine ganz andere Welt.

Mit neunundzwanzig habe ich geheiratet, teils, um von zu Hause fortzukommen. Die Ehe hat dreizehn Jahre gedauert. Aber in den letzten zwei Jahren dieser Ehe wurde der Schwule in mir immer wacher. Das war jahrelang versteckt worden. Ich verliebte mich in einen Jungen, und das war doch schön. Ich bin zu einem Anwalt gegangen und habe mich scheiden lassen.

Ich habe nicht gewußt, daß ein Mensch sich so verändern kann; dein Gefühl kann so feststecken, weil du es nicht mehr benutzt. Ich habe zwei Kinder. Meine Bindung mit ihnen ist nie so gut gewesen wie jetzt. Ich kann mit ihnen auch über gefühlsmäßige Dinge reden.

Wann hast du zum ersten Mal darüber gesprochen?
Vor ein paar Jahren habe ich angefangen, darüber zu reden, in einem Bildungszentrum. Es war ein Wochenende für homosexuelle Männer und Frauen. Ich habe immer gedacht, ich sei der einzige, dem so etwas widerfahren ist, und dann hörst du Geschichten von drei weiteren Leuten, genau dasselbe. Manche hatten auch dreißig Jahre gebraucht, um damit an den Tag zu treten, andere zwanzig, wieder ein anderer etwas weniger lang. Das erste Mal in diesem Bildungszentrum habe ich nichts davon erzählt, ein halbes Jahr später bin ich wieder da gewesen, und da habe ich mich getraut, selbst damit an den Tag zu treten. Es ist sehr normal darauf reagiert worden. Das war Anfang '87. Davor habe ich zwar daran gedacht, aber nie darüber geredet. Auch nicht in Gesprächsgruppen über Homosexualität. Ich habe wohl versucht, sehr leise das Gespräch darauf zu bringen, aber soweit ist man hier im Hinterland von Drenthe noch nicht. Aber es hält dich beschäftigt, und du suchst doch Wege, Verständnis zu finden.

Ebenfalls 1987 bin ich zum RIAGG gegangen und habe dort die Geschichte erzählt. Zuerst ein Aufnahmegespräch, danach ein Sozialarbeiter. Dann fing der an mit: Sind Sie der Täter? Ich war gleich wieder zu. Dann gibt es keinen Austausch mehr. Du hast noch nicht angefangen, und du bist schon wieder abgewiesen. Ich habe später allerdings noch etwas zu Papier gebracht und dort hinterlassen. Dann haben sie vielleicht für einen nächsten eine Handhabe. Ich bekam dort nämlich wieder das Gefühl, der einzige zu sein, dem so etwas widerfahren ist. Sie sagten, mit Tätern nichts anfangen zu können, und mit männlichen Opfern und so nur ganz wenig. Damit hatten sie fast überhaupt keine Erfahrung.

Im Sommer 1989 gab es eine Fernsehsendung über einen Gerichtsprozeß, in dem ein Fall von Inzest verhandelt wurde. Und da dachte ich: Bist du bescheuert, jetzt reicht's. Ich habe die Stiftung Korrelatie (telefonischer allgemeiner Hilfsdienst, d. Ü.) angerufen. Die hatten an diesem Abend noch weitere vier männliche Opfer gehabt. Das gab mir das Gefühl, daß ich nicht der einzige bin. Korrelatie hat mich an die Rutgersstiftung weiterverwiesen. Dort bin ich, das Aufnahmegespräch eingerechnet, fünfmal gewesen. Sie ließen mich wieder spüren und darüber sprechen, wie sich das anfühlt. Ob es sich jetzt angenehm oder mies anfühlt, ist egal. Ich habe dort gelernt, es bei handlichen Proportionen zu belassen. Ich habe immer gedacht: Ich muß da hindurch. Aber dann sagten sie: Du kannst auch darüber hinweg, und: Laß, was geschehen ist, hinter dir. Ich bin nicht ganz davon losgekommen, und ich glaube auch, daß das nicht geht. Es ist ein Stück deines Lebens, deiner Jugend. Und in deiner Jugend werden doch die Fundamente für deine spätere Entwicklung gelegt. Es ist jetzt eine kleine Spitze des Eisbergs abgetragen, es ist eine Tür einen Spalt weit geöffnet.

Kontakt mit anderen Männern herzustellen finde ich noch immer sehr schwer. Im Anfang meiner Ehe habe ich noch erzählt, daß ich in meiner Jugend Kontakt mit Jungen gehabt habe. Meine Frau fand das ganz normal, sie kommt aus dem Westen, und dort liegt darauf nicht so ein Tabu. Aber über Mißbrauch wagte ich damals noch nicht zu sprechen. Es ist so lange ein so entsetzlich totgeschwiegenes Thema gewesen. Die Folge war, daß ich mich gefühlsmäßig nicht oder nur kaum äußern konnte und darum nach außen hin vielleicht etwas mißgelaunt oder hart wirkte. Ganz bestimmt auf andere Männer. Es ist jetzt nicht mehr so schlimm, aber zu Anfang fand ich es merkwürdig, daß Männer andere Männer mögen, dann hatte ich nämlich die Vorstellung: Wenn Männer nett tun, muß bei mir wieder die Hose runter. Frauen stellen für mich keine sexuelle Bedrohung dar.

Jetzt geht es etwas besser. In dem Bildungszentrum habe ich viel gelernt, aber andererseits fand ich es furchtbar.

126

Vielleicht war es Eifersucht, weil andere Männer wohl Seite an Seite zusammensitzen und sich zulachen konnten und ich nicht, obwohl ich das gerne wollte. Du traust dich einfach nicht. Irgendwann gab es einen Burschen, der mich nett zu finden schien. Da saß ich dann, mit so einem roten Kopf und einer Beule in der Hose. In dieser Zeit hatte ich die Vorstellung, daß sich alles doch nur um Sex dreht. Jetzt weiß ich, daß es auch anders geht.

Ich finde es schrecklich, abgewiesen zu werden, genau wie damals. Aber wenn du dir nie ein blaues Auge holst, wirst du auch nicht wehrhaft. Aber beispielsweise bei uns im Schwulenclub auf jemanden zuzugehen und zu sagen: »Ich finde dich nett«, wie die Jugend das so leicht fertigbringt, nein. Das finde ich unheimlich schwierig.

Meine Familie reagiert nicht auf meine Homosexualität. Ich mache zwar mitunter Bemerkungen wie: »Da geht aber ein netter Mann«, einfach um zu sehen, wie weit ich gehen kann. Aber es kommt keine Reaktion. Zu Anfang erhoffst du dir das noch. »Du warst früher schon anders als die andern«, ist das einzige, was du zu hören bekommst.

Ich bin jetzt endlich ich selbst. Ich möchte einfach tun, worauf ich Lust habe. Ich bekomme ja doch keine bezahlte Arbeit mehr. Ich habe meine ehrenamtliche Arbeit, habe Kurse, schreibe, male, musiziere. Eine Gefahr ist allerdings, daß man bei Dingen dieser Art alkohol- oder heroinsüchtig wird. Das kann ich sehr gut verstehen. Vor ein paar Jahren hat jemand in meinem Alter unter den gleichen Umständen Selbstmord begangen. Der steckte so entsetzlich fest. Ich kann das sehr gut nachvollziehen, daß er das getan hat. Ich habe selbst mitunter auch daran gedacht.

Beziehungen finde ich unheimlich schwierig. Ich habe ein paar gute Freunde. Aber nicht wirklich eine sexuelle Beziehung. Das steht bei mir nicht im Vordergrund. Freundschaft ist wichtiger.

Ich habe dieses Gespräch führen wollen, weil ich nicht will, daß Jungen, denen dies widerfährt, auch dreißig Jahre lang warten und schweigen.

Zum Schluß

Nach dem Lesen dieser Interviews kann sich nur Verwunderung und Bewunderung darüber einstellen, wie es den Befragten gelungen ist, zu überleben und den Kopf über Wasser zu halten. Das zeugt von einer enormen Flexibilität, einer Kraft, die ihnen bis zu einem gewissen Grad Schutz geboten hat.

Zweifellos gibt es Menschen, die beim Lesen der Geschichten eine Reihe von Erfahrungen wiedererkennen. Die Wahrscheinlichkeit ist groß, daß dieses Wiedererkennen einhergeht mit einem Strom von Gedanken und Gefühlen, die man nicht so ohne weiteres einordnen kann. Um ihnen dabei zu helfen, darüber nachzudenken, zu reden oder zu schreiben, folgen hier ein paar Fragen. Eine viel ausführlichere und systematischere Fragenliste findet sich in Anlage 2 dieses Buches.

- Inwieweit stimmt das, was du erlebt hast, mit den Erfahrungen dieser Männer überein? Was ist der Unterschied? Welche Geschichte hat dich am meisten angesprochen?
- Welche Gedanken und Gefühle kamen beim Lesen der Interviews in dir auf? Kannst du sie benennen?
- Was genau in den Interviews hat dich am meisten angesprochen? Weißt du auch, weshalb?
- Wie ergiebig sind die Interviews für dich, wenn es um deine eigenen Erfahrungen geht?

Es ist nicht mehr als logisch, daß Menschen, die irgend etwas in den Geschichten wiedererkennen, nicht sofort wissen, was sie damit anfangen sollen. In erster Linie ist es gut, damit nicht allein zu bleiben, auch wenn der Gedanke, mit anderen darüber zu sprechen, vielleicht beängstigend ist. Gegebenenfalls ist es dann besser, erst etwas dazu aufzuschreiben. Natürlich lassen sich hierfür keine fertigen Rezepte geben.

Im nächsten Kapitel wird näher auf die Art und Weise eingegangen, in der männliche Opfer versuchen, mit ihrer schwierigen Situation umzugehen, und wie sie gesunden können. Das Kapitel danach behandelt die unterstützende Rolle professioneller Hilfseinrichtungen.

5. Abwehr und Gesundung

Die vorangehenden Interviews zeigen, daß die Folgen des sexuellen Mißbrauchs für Jungen ebenso ernst sind wie für Mädchen. Bisher wurde oft angenommen, die Folgen seien für Jungen wohl weniger schlimm. Das ist ganz eindeutig unrichtig. Der Unterschied zwischen Jungen und Mädchen liegt mehr in der Art und Weise, in der sie sich gegen den sexuellen Mißbrauch zur Wehr setzen und davon zu gesunden trachten.

In diesem Kapitel werden zunächst die psychischen Reaktionen des Opfers auf die traumatischen Ereignisse behandelt. Zur Sprache kommen Erinnerung, Verdrängung und Bagatellisierung. Darauf folgt eine Betrachtung der unterschiedlichen Verhaltensmöglichkeiten, die für Überlebende sexuellen Mißbrauchs kennzeichnend sind. Man darf dabei nicht vergessen, daß dies Überlebensmechanismen sind; Strategien, um das, was für ein Kind nicht zu erfassen ist, handhabbar zu machen, damit überhaupt ein Weiterleben möglich ist.

Erinnerung

Sexueller Mißbrauch ist eine schockierende und traumatische Erfahrung. Viele Beschwerden der Opfer sexuellen Mißbrauchs zeigen eine starke Übereinstimmung mit denen von Kriegs- und Katastrophenopfern. Professionelle Helfer, die sich mit den Folgen derartiger Ereignisse beschäftigen, sehen ein Trauma als »ein Ereignis, das außer-

131

halb des Bereichs menschlicher Erfahrung liegt und das bei fast jedem Leiden hervorruft«[12]. So ist auch sexueller Mißbrauch eine Erfahrung, die das Kind nicht in seine Denk- und Gefühlswelt einordnen kann. Erinnerungen daran rufen Empfindungen von Schmerz, Kummer und Wut hervor. Diese Erinnerungen sind mitunter so stark, daß das Ereignis nicht vergessen werden kann und das Opfer durch dieses in sämtlichen seiner Handlungen bestimmt wird.

Manchmal kommen plötzliche Erinnerungen an früher in Form von Alpträumen, Träumen und Rückblenden hoch. Außerdem kommen Erinnerungen hauptsächlich in Situationen oder bei Menschen auf, die das Opfer an den Mißbrauch erinnern (ein Geruch, eine Farbe oder eine bestimmte Umgebung). Das kann geschehen in Form von Gedächtnisblitzen, beispielsweise daß plötzlich ganz scharf gesehen wird, wie das Zimmer damals aussah. Es können auch Erinnerungen sein, die im Körper eingeschlossen sind. So kann man es mitunter nicht ertragen, daß andere eine bestimmte Körperstelle berühren. Es zeigt sich, daß das Wiedererleben des Ereignisses periodisch mit Phasen der Verdrängung abwechselt.

Verdrängung

Oft ohne sich dessen recht bewußt zu sein, ist das Opfer auf vielfältige Weise eingeschüchtert und manipuliert worden, womit verhindert werden sollte, daß etwas über den sexuellen Mißbrauch nach außen drang. Der sexuelle Mißbrauch mußte ein Geheimnis bleiben. Dieser Zwang zur Geheimhaltung hat sich in zwei Richtungen ausgewirkt. Er implizierte einerseits Sicherheit (»Alles ist okay, wenn du bloß den Mund hältst«), aber auch Angst und

Drohung (»Erzähl es niemandem, denn niemand wird dir glauben«; »Wenn du es erzählst, habe ich dich nicht mehr lieb oder werde ich dich schon noch bekommen«). Es ist deshalb sehr verständlich, daß ein Opfer es nicht wagt, mit anderen darüber zu sprechen. Opfer können meistens erst dann reden, wenn sie sich sicher und vertraut fühlen. Aber gerade darin hat man sie enttäuscht; ihr Vertrauen ist immer beschämt worden.

Die Geheimhaltung und das Für-sich-Behalten können einen so starken Einfluß haben, daß man sich später kaum noch oder überhaupt nicht mehr an das erinnert, was geschehen ist. Bewußt oder unbewußt ist der Mißbrauch aus den Gedanken verbannt worden. Es ist zu schmerzhaft, ihn sich nochmals vor Augen zu führen, zu schmerzhaft, zu fühlen, was genau geschehen ist. Mit diesem »Verbannen« hat so manches Opfer schon früh angefangen. Das hat zur Folge, daß es schwierig ist, verdrängte Gedanken und Gefühle zurückzuholen und sich klar vor Augen zu führen. Auch wenn man sich an etwas erinnert, ist es oft sehr schwer und mühsam, die dazugehörigen Gefühle zu empfinden oder diese gar in Worte zu fassen.

Die Mühe, die es kostet, das zu fühlen, kann das Opfer selbst auch in Zweifel versetzen: »Ist das wirklich mit mir geschehen?« Das paßt ausgezeichnet zu der Ungläubigkeit, die andere oft zur Schau stellen. Viele Leute wollen nicht wahrhaben, daß Mißbrauch stattfindet, und wollen es deshalb auch nicht hören. Vielleicht hat das Opfer einst eine Reihe der bekannten ableugnenden Sätze gehört wie: »So etwas kommt in der Familie einfach nicht vor« oder: »Liebe Kinder reden nicht über so etwas«, oder es sind ihnen Vorwürfe gemacht worden wie: »Wo nimmt das Kind das her, so häßlich von anderen zu sprechen?« Wenn man sehr lange geschwiegen hat, ist die Reaktion häufig: »Und was hattest du zu verbergen?« Das alles macht es nicht leicht, damit ans Tageslicht zu treten. Das Opfer hat genügend Gründe, sich so lange wie möglich aufs Schweigen zu verlegen. Sich selbst dies vorzuwerfen ist ungerechtfertigt. Die Umgebung arbeitet auf unterschiedliche Weise daran mit, daß über den sexuellen Mißbrauch nicht geredet wird, und verstärkt damit die Verdrängung.

Beispiele von Mechanismen, die auftreten können, sind:

Die Neigung, innerhalb der Familie oder der Verwandtschaft die »schlechten« Dinge zu verleugnen oder zu übergehen. Nur die angenehmen Dinge gelten.

Eine Haltung innerhalb der Familie, die besagt: Was auch geschieht, wir stehen das alle zusammen durch, und dazu brauchen wir keine Hilfe von außen.

Derjenige, der etwas Negatives zur Diskussion stellt oder äußert, wird rasch für verrückt angesehen: »Ach, der Hans, der ist doch schon immer ein bißchen seltsam gewesen.«

Aus den Erzählungen der Männer geht hervor, daß sie meistens schon während des Mißbrauchs angefangen haben, sich ihren Gefühlen zu verschließen, und daß sie eine Trennung zwischen Verstand und Körper vornahmen. Manche wußten sich noch genau zu erinnern, wo und wie sie dies taten. Verdrängung und Leugnung spielen so lange eine Rolle, bis das Opfer sich sicher weiß. Das kann bisweilen Jahre dauern. Daß dies alles viel Energie kostet, ist klar. Es erstickt die Spontaneität, die Kreativität und die Intelligenz. In die Verdrängung und das Trennen von Gefühl und Verstand wird viel Energie investiert, die das Opfer für etwas anderes hätte verwenden können.

Bagatellisieren

Ein anderer Mechanismus, der oft angewandt wird, wenn Leugnen und Verdrängen nicht funktionieren, ist das Bagatellisieren. Das Opfer muß sich dann eingestehen, daß etwas geschehen ist, das nicht hätte geschehen dürfen und das nicht gut war. Dann kann die Neigung entstehen, sich selbst und andere davon zu überzeugen, daß zwar etwas vorgefallen ist, daß es aber so schlimm nicht gewesen sei. Es sei eigentlich bloß halb so wild gewesen, und die anderen müßten es nicht unnötig dramatisieren. Typische Bemerkungen in dieser Richtung sind: »Halb so wild, so oft ist es nun auch wieder nicht passiert«; »Es war bloß ein etwas außer Kontrolle geratenes Doktorspielchen«; »Vielleicht habe ich es selbst auch irgendwie gewollt und hätte ich besser aufpassen sollen«; »Wenn ich mir andere ansehe, darf ich nicht klagen«, oder: »Er/Sie hat auch eine schlechte Jugend gehabt.« Auch hier gilt, daß der Schmerz, sich das Geschehene wirklich vor Augen zu führen, zu groß ist, und daß durch die Bagatellisierung des Geschehenen dieser Schmerz erträglich gemacht wird.

Überleben

Das vorherrschende Bild ist, daß Opfer sexuellen Mißbrauchs sich durch Flucht, Schreien, Schlagen oder Kämpfen zur Wehr setzen. Dabei darf zuallererst nicht vergessen werden, daß Kinder, die mit sexuellem Mißbrauch zu tun bekommen, meistens überhaupt nicht so reagieren können. Altersgemäß haben sie noch nicht die Möglichkeit gehabt, solche Formen des Widerstands überhaupt zu entwickeln. Es ist eher so, daß Kinder, um den Gefahren und Spannungen zu entfliehen, sich lieber geduckt halten. Sie verbergen sich und suchen bedrohlichen Personen und Situationen zu entgehen. Stillzuhalten ist ihre Form des Widerstandes. Zweitens unternehmen Opfer häufig eine ganze Menge Versuche, dem Mißbrauch zu entkommen, meistens ohne Erfolg. Um nicht jedesmal die Erniedrigung, die Hilflosigkeit und Machtlosigkeit spüren zu müssen, die mit dem Mißbrauch einhergehen, haben sie eine Reihe von »Überlebensstrategien« entwickelt.

In den diversen Strategien von Jungen, den sexuellen Mißbrauch zu überleben, läßt sich eine Reihe der traditionellen Männlichkeitsnormen wiederfinden. Schon früher wurde ausgeführt, daß die Opferrolle nicht in das Bild paßt, das viele Jungen sich von ihrem Mann-Sein gemacht haben. Männer haben schließlich stark zu sein und sich schützen zu können. Diesem Gedanken folgend, kann ein Junge denken, er habe versagt: Er habe sich nicht zur Wehr gesetzt und sei ein »Schlappschwanz«, der das alles einfach habe geschehen lassen. Ein männliches Opfer wird sich andauernd fragen, weshalb gerade er mißbraucht wurde. Er bezweifelt allmählich seine Männlichkeit. Durch den sexuellen Mißbrauch gerät der Junge in bezug auf seine Macht und seine Möglichkeiten, Situationen zu beeinflussen, in Verwirrung.

Um diesen Gefühlen der Machtlosigkeit zu entkommen und um zu überleben, gibt es verschiedene Rollen, die das männliche Opfer sich zulegen kann.[13]

a. Die aktive und imponierende Rolle:
Um dem erniedrigenden Gefühl des Mißbrauchs zu entkommen, können Jungen ihre Männlichkeit verschiedentlich unter Beweis stellen, indem sie:
– burschikoses und risikoreiches Verhalten zeigen;
– sich in Arbeit und Sport lebhaft und überproduktiv erweisen;

- herumprahlen und dauernd buchstäblich und im übertragenen Sinn das große Wort führen;
- in der Schule und am Arbeitsplatz regelmäßig Vereinbarungen und Regeln übertreten und ausprobieren, wie weit man darin gehen kann;
- einschüchternd auftreten; dauernd den intelligenten, redegewandten und gewieften Burschen mimen;
- viel Energie investieren, andere davon zu überzeugen, daß sie nicht schwul sind;
- andere herabsetzen; beleidigend und intolerant sein;
- still und bedrohlich anwesend sein;
- gewalttätig und sexuell gewalttätig auftreten.

Da Jungen beigebracht wird, Aggression und Gewalt wie selbstverständlich zu ertragen und anzuwenden, reagieren männliche Opfer leicht ihre Machtlosigkeit und Wut nach außen hin ab.

b. Die passive und die Opferrolle:

Durch den sexuellen Mißbrauch kann ein Junge sich so machtlos fühlen, daß er glaubt, für Jungen und Männer seien nur zwei Rollen vorgesehen, nämlich die des Opfers und die des Täters. Er weiß, wie es ist, Opfer zu sein, und entscheidet sich deshalb bewußt oder unbewußt, andere nicht zu mißbrauchen. Das Ausüben von Macht ist in seinen Augen dasselbe wie Mißbrauch, und um zu verhindern, daß er Täter wird, fügt er sich in das, was ihm unvermeidlich scheint: das Opferdasein. Seine Wut und Angst wenden sich nach innen. Das kann sich manifestieren, indem er:

- sich selbst unsichtbar macht und/oder verleugnet;
- andauernd Aufmerksamkeit dafür erheischt, wie es um ihn bestellt ist. Er hat Angst, abgewiesen zu werden, und bleibt deshalb an anderen kleben, die ihn daraufhin aus diesem Grund abweisen;
- schlecht für sich sorgt und Körper und Kleidung vernachlässigt. Auch, indem er den eigenen Körper ver-

wahrlost und sich vollstopft mit Essen und Trinken, auch beispielsweise mit Alkohol, Drogen und vielerlei Medikamenten.

c. Die beschützende Rolle:
Durch seine eigenen Erfahrungen sieht das männliche Opfer andere Kinder dauernd in Gefahr. Unbewußt versucht er, andere in Schutz zu nehmen, einen Schutz zu geben, der ihm selbst als Kind gefehlt hat. Häufig ist die beschützende Rolle zur einzigen Möglichkeit geworden, anderen ohne Risiken nahe zu sein. Auch das kann sich auf verschiedenerlei Weise äußern, indem er:
– sich andauernd verantwortlich fühlt für andere;
– sich allenthalben übertrieben hilfsbereit zeigt;
– sich als Weltenretter und Weltverbesserer verhält;
– der gemütliche, warme »Teddybär« für andere ist, beispielsweise indem er anderen Aufmerksamkeit schenkt und in dieser Rolle die Führung behält. Das verhindert, daß man selbst Aufmerksamkeit bekommt;
– innerhalb eines helfenden Berufs, sich selbst außer acht lassend, andauernd mit den Problemen anderer beschäftigt ist.
Es besteht die Neigung, diese Verhaltensmuster lediglich als negative Eigenschaften des männlichen Opfers zu sehen und nicht als Strategien, den Kopf über Wasser zu halten und zu überleben. Jungen haben diese Muster häufig schon sehr früh erlernt. Sie haben sich als wirkungsvolle Mittel erwiesen, sich ein Gefühl der Macht und der Kontrolle über die eigene Situation zu verschaffen.

Aber diese Überlebensmechanismen haben in der Tat auch eine Reihe negativer Folgen. Was erst notwendig war, um zu überleben und sich auf den Beinen zu halten, erweist sich auf Dauer als in seiner Wirkung größtenteils negativ, sowohl in bezug auf die eigene Person als auch auf andere. Die Mechanismen funktionieren nicht mehr. Es sind mehr oder weniger rigide Verhaltensmuster geworden, die immer auf die gleiche Weise Anwendung finden. Bei jeder spannungsgeladenen oder problematischen Situation werden sie erneut eingesetzt, mit allen daraus hervorgehenden negativen Konsequenzen.

Das Problem ist, daß sehr viele männliche Opfer keinen Zusammenhang sehen zwischen ihrem eigenen Verhalten und dem früheren Mißbrauch. Opfer geben diese Verhaltensmuster auch nicht leicht auf, weil sie ihrer Vorstellung entsprechend »funktionieren«; einige von ihnen passen zudem in das stereotype Männlichkeitsbild. Männliche Opfer haben als Kinder viele falsche Dinge über Macht, Männlichkeit, Sexualität und Beziehungen gelernt. Um ihre Überlebensstrategien aufgeben zu können, müssen sie Einsicht erlangen in ihre Fehleinschätzungen in bezug auf sich selbst, ihre Beziehungen und ihre Umgebung. Sie müssen begreifen, was der Zusammenhang zwischen diesen Strategien und dem sexuellen Mißbrauch ist. Und dann müssen sie auch noch die Gelegenheit bekommen, ein angemesseneres Denken und Verhalten zu erlernen.

6. Ein Wort an die professionellen Helfer

Es läßt sich nicht leugnen, daß auch Jungen Opfer sexuellen Mißbrauchs sind. Allmählich begegnen professionelle Helfer in größerer Zahl und immer häufiger Jungen und Männern, die sexuell mißbraucht worden sind. Das bedarf einiger Gewöhnung. Man bekommt als professioneller Helfer viel zu hören; Ereignisse und Erfahrungen, die man fast nicht glauben kann. Dennoch muß man damit an die Arbeit. Was braucht es dazu? Nachfolgend können nicht mehr als einige Ausgangspunkte formuliert werden.

1. ES IST WICHTIG, EINEN BLICK FÜR DIE VERHALTENSWEISEN VON JUNGEN ZU HABEN, DIE MÖGLICHERWEISE AUF SEXUELLEN MISSBRAUCH HINDEUTEN.

Dazu muß man wissen, daß sexueller Mißbrauch an Jungen vorkommt und was es beinhaltet, als Mann Opfer zu sein. Das impliziert, daß man einen Einblick in die Bedeutung des Mißbrauchs für einen Jungen hat und weiß, was manche Jungen haben durchmachen müssen und wie sie mit ihrer Erfahrung des sexuellen Mißbrauchs umgehen. Man muß ernsthaft auf ihre Gefühle und Verhaltensweisen eingehen, wenn man die Vermutung hegt, daß ein sexueller Mißbrauch vorliegt. Verwenden Sie die gleichen Fragen, die auch weiblichen Opfern gestellt werden. Seien Sie deutlich dahingehend, daß sexueller Mißbrauch etwas ist, das man nicht dem Jungen selbst zuschreiben sollte. Der Täter ist letztendlich dafür verantwortlich. Versuchen Sie, das imaginäre Band zwischen Schwäche und Opferdasein bei dem Jungen zu durchbrechen. Sexueller Mißbrauch ist kein Zeichen von Schwäche, sondern eine traumatische Erfahrung.

2. MAN MUSS HERAUSFINDEN, AUF WELCHE WEISE DIE BE-TROFFENEN SICH GEWEHRT HABEN UND WIE SIE ZU GESUNDEN TRACHTEN. WELCHE ÜBERLEBENSSTRATEGIEN WENDEN SIE AN?

Viele dieser Verhaltensweisen sind eine erlernte Art des Überlebens. Dieses Verhalten funktioniert für den Jungen und seine Umgebung in neuen Situationen häufig nicht gut oder sogar zerstörerisch. Es ist wichtig, gemeinsam mit dem Jungen festzustellen, was sich verändern sollte. Es geht dann darum, den Zusammenhang zwischen seinem Verhalten und dem sexuellen Mißbrauch zu verdeutlichen. Das verlangt Anteilnahme und Einfühlungsvermögen gegenüber dem Jungen. Anteilnahme, die nicht nur eine positive Haltung erfordert, sondern auch beinhaltet, daß Grenzen gesetzt werden, wenn das Verhalten negative Konsequenzen für andere hat. Zwar kann ein Teil des Verhaltens aus den traumatischen Erfahrungen erklärt werden, doch kann dies niemals eine Legitimierung von Aggressivität, Gewalttätigkeit und sexuellem Mißbrauch beinhalten.

Der Junge muß ernst genommen werden, und man muß an Gesundung glauben. Gesundung ist schwierig, aber nicht unmöglich.

3. DIE AUFFASSUNGEN IN BEZUG AUF MÄNNLICHKEIT KÖN-NEN AUCH IN DEN BETREUUNGSEINRICHTUNGEN SELBST NOCH EINE ROLLE SPIELEN.

Es ist für einen Jungen schwierig, nach Hilfe zu suchen und diese zu erbitten. Hilfe zu erbitten ruft Angst, Wut und Unsicherheit hervor. Für Jungen ist es nicht einfach zu akzeptieren, daß sie Opfer sind. Sie zeigen deshalb die Neigung, in Gesprächen den sexuellen Mißbrauch zu bagatellisieren. Unbewußt werden viele Versuche unternommen, die männliche Identität aufrechtzuerhalten, auch im Betreuerkontakt. Der professionelle Betreuer, insbesondere der männliche Betreuer, darf nicht vergessen, daß es für Jungen schwierig ist, in der Nähe anderer, insbesondere von Männern zu sein. Für ein männliches Opfer kann ein männlicher Helfer eine Bedrohung sein, wenn der Täter ein Mann gewesen ist. Bedrohlich ist auch, wenn der Helfer nicht den stereotypen Männlichkeitsbildern entspricht. Das will nicht heißen, daß es unbedingt besser sein muß, wenn der Betreuer vom anderen Geschlecht ist als der Täter. Für ein Opfer ist es wichtiger zu wissen, daß der Helfer mit Sachkenntnis handelt.

Berücksichtigen Sie, daß sexueller Mißbrauch an Jungen auch konfrontierend sein kann, was die eigenen Auffassungen und Vorurteile über Sexualität und sexuellen Mißbrauch angeht. Mitunter wird man zweifeln und die Neigung in sich aufkommen sehen, das Vorgefallene als nicht so schwerwiegend für das Opfer zu empfinden. Neben Zweifeln können Angst, Schrecken und Wut auftreten. Es ist gut, diesen Gefühlen gegenüber achtsam zu sein und kritisch zu untersuchen, was davon mit den eigenen Auffassungen in bezug auf Männlichkeit, Weiblichkeit und Sexualität zu tun hat.

7. Zum Schluß

Das andauernde Leugnen und Bagatellisieren der Existenz sexuellen Mißbrauchs an Jungen trägt zu dessen Fortbestehen bei. Darum ist es notwendig, daß mehr über sexuellen Mißbrauch an Jungen publiziert wird. Opfer müssen die Gelegenheit erhalten, ihre Erfahrungen auszutauschen und miteinander zu teilen. Dasselbe gilt für die professionellen Helfer, die mit ihnen umgehen. Die sich daraus ergebenden Informationen sollten in größerem Umfang Verbreitung finden.

Daß Jungen Opfer sein können, hat auch explizit in Präventionsprogrammen zum Ausdruck zu kommen, und nicht einzig und allein wegen der Möglichkeit, daß Jungen wiederum Ausübende sexuellen Mißbrauchs werden können. Auf die Verhinderung von Kindesmißbrauch abzielende Präventionsprogramme müssen der Existenz männlicher Opfer Beachtung schenken.

Es ist notwendig, daß eine Veränderung eintritt in den traditionellen Denkweisen über Männlichkeit, Sexualität, Homosexualität und sexuellen Mißbrauch. Gerade diese Vorstellungen erschweren es, daß Opfer über Mißbrauch reden und davon gesunden. Kampagnen, die auf die Veränderung dieser Vorstellungen und der Mentalität auf dem Gebiet von Sexualität und sexuellem Mißbrauch abzielen, werden selbstverständlich auch auf das Vorhandensein sexuellen Mißbrauchs an Jungen eingehen müssen.

Die Zahl der Möglichkeiten, Hilfe zu suchen, ist für den Jungen oder Mann noch sehr begrenzt. Es ist empfehlenswert, bessere Unterstützung und Überweisungsmöglichkeiten zu schaffen. Das professionelle Hilfsange-

145

bot ist noch nicht auf Jungen und Männer als Opfer sexuellen Mißbrauchs eingestellt.

Es ist zu hoffen, daß die Informationen aus diesem Buch und die hier genannten Maßnahmen dazu beitragen, daß männlichen Opfern sexuellen Mißbrauchs die Beachtung zukommt, die sie verdienen.

Traumaerzeugende Dynamiken und die Folgen bei sexuellem Mißbrauch von Kindern

I. Traumatisierte sexuelle Entwicklung

DYNAMIKEN
- Das Kind wird für sexuelles Verhalten belohnt, das nicht zu seinem Entwicklungsniveau paßt
- Der Täter tauscht Aufmerksamkeit und Zuwendung gegen Sex
- Zuviel Aufmerksamkeit für die Genitalien des Kindes
- Der Täter gibt verkehrte Auffassungen über sexuelles Verhalten und Moral weiter
- Sexuelle Aktivität wird verknüpft mit negativen Gefühlen und Erinnerungen

PSYCHOLOGISCHE WIRKUNG
- Viele sexuelle Probleme
- Verwirrung bezüglich der sexuellen Orientierung
- Verwirrung bezüglich sexueller Normen
- Verwechslung von Sex mit Liebe und Umsorgtwerden/ Umsorgen
- Negative Assoziationen bei sexueller Aktivität und Gefühlen von Erregung
- Abkehr von sexueller Intimität

VERHALTENSÄUSSERUNGEN
- Sexuelle Präokkupation und zwanghaftes sexuelles Verhalten
- Frühreife sexuelle Aktivitäten
- Aggressives sexuelles Verhalten
- Promiskuität
- Prostitution

- Sexuelle Dysfunktionen: Rückblenden, Erregungs- und Orgasmusprobleme
- Vermeidung von oder phobische Reaktion gegenüber sexueller Intimität
- Unpassende Sexualisierung der Elternschaft

II. Stigmatisierung

DYNAMIKEN
- Der Täter beschuldigt und beschimpft das Opfer
- Der Täter und andere zwingen das Kind zu Geheimhaltung
- Das Kind schämt sich wegen der Aktivitäten
- Andere reagieren schockiert auf die Offenlegung
- Andere beschuldigen das Kind des Ereignisses
- Das Opfer wird als minderwertig stereotypisiert

PSYCHOLOGISCHE WIRKUNG
- Schuld, Scham
- Niedriges Selbstwertgefühl
- Gefühl, anders zu sein als die andern

VERHALTENSMANIFESTATIONEN
- Isolation
- Drogen- oder Alkoholmißbrauch
- Kriminalität
- Selbstverstümmelung
- Selbstmord

III. Verrat

DYNAMIKEN
- Vertrauen und Verletzlichkeit werden manipuliert
- Mißbrauch der Erwartung, daß andere für einen sorgen und einen beschützen

- Vernachlässigung des Wohlergehens des Kindes
- Mangel an Unterstützung und Schutz seitens der Eltern

PSYCHOLOGISCHE WIRKUNG
- Betrübt, depressiv
- Extrem abhängig
- Beschädigtes Urteilsvermögen bezüglich der Vertrauenswürdigkeit anderer
- Mißtrauen, hauptsächlich gegenüber Männern
- Angst, Feindseligkeit nach außen

VERHALTENSÄUSSERUNGEN
- Klebrig
- Anfällig für erneuten Mißbrauch
- Läßt zu, daß die eigenen Kinder mißbraucht werden
- Isolation
- Tut sich schwer in intimen Beziehungen
- Eheprobleme
- Aggressives Verhalten
- Kriminelles Verhalten

IV. Machtlosigkeit

DYNAMIKEN
- Vom Körper des Kindes wird gegen den eigenen Willen Besitz ergriffen
- Anfälligkeit gegenüber Mißbrauch ist langfristig
- Täter benutzt Macht oder Irreführung, um das Kind am Mißbrauch zu beteiligen
- Das Kind fühlt sich nicht imstande, sich zu schützen und den Mißbrauch zu beenden
- Wiederholte Angsterfahrung
- Das Kind ist nicht imstande, andere zu überzeugen

PSYCHOLOGISCHE WIRKUNG
- Angst, Schrecken
- Verringertes Gefühl eigener Tatkraft

- Sich selbst als Opfer sehen
- Bedürfnis nach Kontrolle
- Identifikation mit dem Aggressor

VERHALTENSÄUSSERUNGEN
- Alpträume
- Phobien
- Körperliche Beschwerden; Eß- und Schlafstörungen
- Depression
- Dissoziationen
- Fluchttendenzen
- Schulprobleme, Schulschwänzen
- Arbeitsprobleme
- Anfällig für erneuten Mißbrauch
- Aggressives Verhalten, Streithahn
- Kriminalität
- Täter werden

(Dieses Schema ist Finkelhor, 1986, entnommen.)

Anlage 2

Unterstützende Fragen

WAS GENAU IST GESCHEHEN?

Eine Reihe von Fragen kann helfen, dir klar zu werden, was genau mit dir geschehen ist.

- Was meinst du, ist mit dir geschehen? In welche Situationen bist du hineingeraten?
- In welcher Weise wurdest du daran beteiligt? Wozu wurdest du gezwungen? Wozu wurdest du verführt?
- Wo ist es geschehen?
- Wann ist es geschehen?
- Wie oft ist es geschehen? Wie lange hat es gedauert?
- In welchem Alter hat es angefangen?
- Wer war der Täter? Wer war sonst noch daran beteiligt? Was ist deine Beziehung zum Täter? Was für Geschichten sind dir, im nachhinein betrachtet, vom Täter eingeredet worden?
- Wo und wie wurdest du angefaßt?
- Wie reagierten deine Eltern auf die Tatsache, daß du mißbraucht wurdest?
- Als du zum ersten Mal etwas über den Mißbrauch erzählt hast, wie hat man darauf reagiert? Wurde es geleugnet, hat man dich beschuldigt, wurdest du bestraft, wurde dir geglaubt, wurdest du in Schutz genommen?
- Konntest du irgendwohin mit deinen Gefühlen? Wie hast du versucht, dafür Aufmerksamkeit zu bekommen?
- Hast du dich isoliert von anderen?
- Wie bist du als Mann aufgewachsen?

DIE FOLGEN

- Wie empfindest du dein Äußeres?
- Fühlst du dich vertraut im eigenen Körper? Gehst du auch sorgsam mit deinem Körper um? Stopfst du dich

151

voll mit Essen, nimmst du viel Alkohol oder Drogen zu
dir? Was würdest du diesbezüglich gerne verändern?
- Worüber und auf welche Weise schämst du dich? Weißt
du auch, wofür du dich schämst, weswegen du dich
schuldig fühlst?
- Vor wem, wann und wo hast du Angst?
- Welche Schwierigkeiten hast du damit, Vertrauen zu
gewähren, wo, wann und bei wem?
- Was ist deine Vorstellung von Sexualität? Auf welche
Weise hat der Mißbrauch deine Sexualität bestimmt?
Auf welche Weise bist du womöglich selbst auf sexuellem Gebiet wenig respektvoll gegenüber anderen?
- Wenn du von einem Mann mißbraucht worden bist,
was für einen Einfluß hat das deiner Meinung nach auf
deine Vorstellungen von Männlichkeit und Sexualität?
- Wenn du von einer Frau mißbraucht worden bist, welchen Einfluß hat das auf deine Vorstellungen von Frau-
en und Sexualität?
- Was ruft das Wort Opfer in dir hervor? Was für Gefühle ruft es hervor, wenn du es auf dich selbst anwendest?

Abwehr und Gesundung
- Wie hast du als Kind dem sexuellen Mißbrauch zu »entkommen« versucht? Inwieweit hat diese Methode gut
für dich funktioniert?
- Auf welche Weise leugnest du den sexuellen Miß-
brauchan dir?
- Inwieweit ist diese Form des Leugnens für dich unter-
stützend und wo ist sie schädlich?
- Inwieweit machst du den sexuellen Mißbrauch kleiner, als er ist?
- Wie versuchst du jetzt als Erwachsener den Erinnerungen zu »entkommen«? Inwieweit funktionieren diese
Strategien gut, und inwieweit verursachen sie Probleme?

(Obige Fragen sind Hunter, 1989, entnommen.)

JEANNETTE BOSSI

Nachtrag zur deutschen Ausgabe

Allgemeine Bemerkungen

Immer häufiger werden nicht nur die Fachexperten mit alarmierenden Daten, Fakten und Zahlen konfrontiert. Publikationen, Symposien, Wanderausstellungen, Vorschläge für präventive, psychotherapeutische und juristische Maßnahmen kennzeichnen die gegenwärtige Diskussion und suggerieren zugleich auch die »Öffentlichkeit«, nahezu »Selbstverständlichkeit« eines Tatbestandes, der noch vor 20 Jahren als Randerscheinung in unserer Gesellschaft gewertet wurde: die Rede ist von sexuellem Kindesmißbrauch.

Erschreckende Zahlen finden sich u. a. bei Liner-Boillat[1]: »Untersuchungen aus England behaupten, jedes zehnte Kind werde mißbraucht.« Sie argumentiert weiter[2]: »Die Ausbeutung der Kinder, zu 75 bis 95 Prozent – je nach Statistik – von Familienmitgliedern, Freunden und Bekannten begangen, fängt meistens harmlos an, mit Berühren und Streicheln, steigert sich dann zu Formen eindeutiger sexueller Handlungen, zu Masturbation, genitaloralem Verkehr, Eindringen in After oder Vagina des Kindes mit Fingern und Fremdkörpern bis zum eigentlichen Geschlechtsumgang.«

Aber auch Deutschland und die Schweiz stellen keine Ausnahme dar, und das, was die in der psychotherapeutischen Forschung und Praxis Tätigen zu wissen glauben, erweist sich, wie es scheint, erst als die Spitze des viel zitierten Eisberges:

- »Etwa 300 000 Kinder jährlich werden sexuell mißbraucht!« – so der alarmierende Titel einer Studie, die
1987 publiziert wurde. [3]
Jeder dritte bis vierte Erwachsene in der »alten« Bundesrepublik wurde, so Remschmidt, als Kind sexuell
belästigt; etwa zehn Prozent der erwachsenen Frauen
berichteten über Inzesterlebnisse.

- Eine der engagiertesten Forscherinnen und Autorinnen auf dem Gebiet des sexuellen Kindesmißbrauchs,
die Gerichtsmedizinerin Frau Trube-Becker, meint,
daß in Deutschland jährlich mit 13 000–200 000 sexuell
mißhandelten Kindern gerechnet werden muß. Sie erwähnt auch eine Dunkelziffer, wonach auf jeden ange-
zeigten Fall von sexuellem Kindesmißbrauch etwa 20
nicht gemeldete Fälle kommen, wobei dieses Verhältnis von angezeigtem und nicht-angezeigtem Mißbrauch
bei familiennahen Tätern noch ansteigt (ca. 1: 50).[4]

- Nach Schätzungen des Deutschen Kinderschutzbundes werden jährlich, so eine Information vom Juni
1991, rund 80 000 Kinder sexuell mißbraucht. Etwa
30 000 dieser Vorfälle ereigneten sich in den neuen
Bundesländern.[5]

Wenn auf sexuellen Kindesmißbrauch in neuerer Vergangenheit aufmerksam gemacht wurde, so erfuhr man
meistens von Mädchen bzw. weiblichen Jugendlichen als
Opfern männlicher Täter. Dies illustriert u. a. ein Symposi-
um, welches 1988 in Freiburg zum Thema »Sexueller Mißbrauch im Kindesalter« stattfand.[6]
Aber was ist mit den Knaben? So wird mancher sich
fragen.
Die Jungen finden als Leidtragende in der Literatur
eher marginale Erwähnung. Die Handlungsmöglichkeiten
der Experten und kompetenten Institutionen scheinen
begrenzt:

– Ärzte werden erst dann mit Mißbrauchshandlungen konfrontiert, wenn der sexuelle Mißbrauch mit Gewalt und Verletzungen verbunden ist oder gar den Tod des Kindes bewirkt.

– Juristische Instanzen und gerichtsmedizinische Institutionen werden erst dann konsultiert, wenn Anklage erfolgt.

– Lehrer, Erzieher, Kindergärtner, Sozialarbeiter sind häufig hilflos angesichts der registrierten Mißhandlungen. Sie stehen vor der Frage, welche Konsequenzen ihre Interventionen haben könnten und wer die kompetenten Ansprechpartner sind. Allerdings steht ihnen eine Anzahl an neueren Publikationen für Hilfestellung und Prävention zur Verfügung.[7]

Die psychotherapeutische Praxis indessen zeigt: Der sexuelle Mißbrauch von Knaben ist bei weitem keine Seltenheit.

Ähnliches ergibt sich aus den bisherigen Untersuchungen:

Dirk Bange zum Beispiel wertete amerikanische und britische Untersuchungen aus und registriert, daß jeder siebte bis zwölfte Junge in seiner Kindheit mißbraucht wurde.[8]

Glöer und Schmiedeskamp-Böhler[9] geben folgenden Überblick: »Obwohl nach vorsichtigen Schätzungen etwa jeder sechste bis elfte Junge sexuell ausgebeutet wird (Finkelhor, D., 1984; Glöer, N., 1988; Enders, U., Sinone, S., 1989) und einige Wissenschaftler davon ausgehen, daß wahrscheinlich *genau so viele* Jungen wie Mädchen sexuell mißhandelt werden (Porter, E., 1986), hält sich in vielen Veröffentlichungen die These, daß Jungen nur sehr selten Opfer sexueller Gewalt werden (Kavemann, B., Lohstöter, I., 1984; Steinhage, R., 1989; Rijnaarts, J., 1988). Es fehlen Berichte sexuell mißbrauchter Männer, und es gibt auch nur wenige Veröffentlichungen, die sich

155

explizit mit Jungen als Opfern sexueller Gewalt auseinandersetzen.

Die Durchsicht des vorhandenen Zahlenmaterials führt allerdings zu folgenden Erfahrungen und Eindrücken: Wir werden in jüngster Zeit mit einer massiv ansteigenden Zahl von sexuellen Mißbrauchshandlungen (auch an Knaben) konfrontiert. Aus diesem Umstand läßt sich mehreres folgern:

1. Je größer das Ausmaß an Öffentlichkeit, um so mehr wird bekannt.
2. Die sexuelle Viktimisierung von Knaben nimmt zu.
3. Der sexuelle Mißbrauch von Knaben wurde praktiziert, aber der Tatbestand wurde nicht zur Kenntnis genommen, verschwiegen, bagatellisiert, tabuisiert.

Geht man einmal davon aus, daß der sexuelle Mißbrauch von Kindern in diesem Jahrhundert mehrheitlich nicht wahrgenommen bzw. abgewehrt wurde, droht dieses Thema in neuester Zeit immer mehr der Vermarktung durch die Massenmedien anheimzufallen, wobei Daten manipuliert und individuelle Schicksale ausbeuterisch der voyeuristischen Schau preisgegeben werden. Eine häufig anzutreffende unkritische, distanzlose Art der Berichterstattung bewirkt manchmal das Gegenteil der gewünschten Anteilnahme, nämlich eine kritische Distanz infolge Manipulationsverdachtes. Auf diese Weise gefährdet »publizistischer Mißbrauch« des Kindesmißbrauchs die notwendige Aufklärung, die Integrität der Opfer, die Solidarität der Mitmenschen. Der Versuch, in der Öffentlichkeit Betroffenheit, Trauer, Wut und Bereitschaft zum präventiven Handeln hervorzurufen, hat eher Gleichgültigkeit zur Folge, und es vollzieht sich ein zirkulärer Verdrängungsmechanismus: Darbietung von Informationen, Vermarkten derselben und schließlich (durch Reizüberflutung) ein Gewohnheitseffekt, eine Bagatellisierung und schließlich Vergessen eines unbequemen Themas.

Die Forschungsliteratur zur Verbreitung und zur Häufigkeit sexuellen Mißbrauchs ist von sehr unterschiedlicher Qualität.

Die verwendeten Methoden sowie unterschiedliche Definitionen sexuellen Kindesmißbrauchs generieren ein Zahlenmaterial, das den direkten Vergleich von Resultaten erschwert.

Und was die Knaben betrifft: Spezielle Studien, die ausschließlich der Situation sexuell mißbrauchter Knaben gewidmet sind, sind tatsächlich sehr selten – über die Gründe hierfür wird noch zu berichten sein. Die vorliegende Arbeit von van den Broek stellt daher sowohl was die Sorgfalt in der Aufbereitung des Zahlenmaterials wie auch was die vertiefte und empathische Darstellung der einzelnen Leidenserfahrungen betrifft, eine große Ausnahme dar.

In Erweiterung dieser Arbeit sei ein kurzer, exemplarischer Überblick über den Forschungsstand einzelner Länder zur Epidemiologie, zur Verbreitung sexueller Gewalt an Knaben gegeben, wobei der Schwerpunkt der Darstellung auf Erkenntnissen aus dem deutschen Sprachraum (Deutschland und Schweiz) und auf dem Geschlechterverhältnis der sexuell mißbrauchten Menschen liegt.[10]

Exemplarische Zahlen und Fakten

Die Vereinigten Staaten begannen als erste Nation mit Studien zum sexuellen Mißbrauch an Jungen.

USA

Zwischen 1979 und 1988 wurden im St. Justine Hospital in Quebec 511 Kinder (vom Neugeborenen bis zum Zwölfjährigen) untersucht, bei denen ein Verdacht auf sexuellen Mißbrauch bestand. Analysekriterien waren u. a. Alter, Geschlecht, intra- oder extrafamiliärer Mißbrauch.[11]

Resultat: *85 Prozent der Opfer waren weiblichen, 15 Prozent männlichen Geschlechts.*

Bei Mathias Hirsch[12] findet sich folgender Überblick:

»Besonders die Zahlen aus der Kinderpsychiatrie (Browning, D., Boatman, B., 1977), (Kolko, D. J., Moser, J. T., Weldy, S. R., 1988) lassen einen hohen Prozentsatz von Jungen unter allen mißbrauchten Kindern erwarten.« Hirsch (a. a. O., S. 19) präzisiert das Resultat letzterwähnter Studie: »Kolko et al. . . . . fanden von 103 in einem bestimmten Zeitraum in die Kinderpsychiatrie aufgenommenen Patienten 29 Fälle von sexuellem Mißbrauch, von denen 14 Jungen und 15 Mädchen waren.« Dies entspricht nahezu einem Geschlechterverhältnis von 50 : 50!

Finkelhor[13] (nahezu ein Klassiker in der Erforschung des sexuellen Mißbrauchs von Kindern) hat zunächst aufgrund seiner eigenen Studien und der Zusammenschau anderer Untersuchungen den Eindruck, *daß ein Viertel bis ein Drittel* aller mißbrauchten Kinder Jungen sind, doch revidiert er diese Ansicht zu einem späteren Zeitpunkt als Folge weiterer Forschungserkenntnisse:

Er befragte 1990 mit seinen Kollegen 585 Erwachsene im Hinblick auf sexuelle Mißbrauchserfahrung im Kindesalter. In der untersuchten Stichprobe fanden sich 27 Prozent Frauen und 16 Prozent Männer, die Opfer sexuellen Mißbrauchs waren.[14]

In dieser Studie gehen die Autoren im Vergleich zu den Erkenntnissen Finkelhors von 1984 von einem Verhältnis von 1: 2, d. h. von einem noch größeren Prozentsatz sexuell mißbrauchter Knaben aus.

Aber auch im europäischen Raum wurden die Forschungen intensiviert, zum Beispiel in Frankreich:

Frankreich

Eine Studie mit 1000 Studenten, die zwischen »Erregung«, »Stimulation« und »Realisation« unterschied, zeigte, *daß 26 Prozent der Mädchen und 11 Prozent der Männer* in ihrer Kindheit sexuell mißbraucht wurden. [15]

Deutschland

Wenn auch zunächst in den USA sowie in Frankreich und in England auf alarmierende Zahlen hingewiesen wurde, so bestätigte die Forschung, daß im deutschen Sprachraum von einer ähnlichen Situation in bezug auf die Häufigkeit wie auf Geschlechterverhältnis beim sexuellen Mißbrauch von Kindern ausgegangen werden muß.

Die bereits zitierten Autoren, Glöer et al., meinen[16]: »In der Bundesrepublik gibt es bisher keine großangelegte Studie über das Vorkommen sexueller Gewalt an Mädchen und Jungen. Die einzige Datenquelle, die in den deutschen Veröffentlichungen immer wieder zitiert wird, ist die von Baurmann analysierte Kriminalstatistik, die sich auf angezeigte Straftaten gegen die sexuelle Selbstbestimmung im Jahre 1981 bezieht (Baurmann, M. C., 1985). Aus den von ihm angenommenen Dunkelziffern (1:18 bzw. 1:20) errechnet sich die inzwischen in vielen Veröffentlichungen erwähnte Zahl von 250 000 Mädchen und 50 000 Jungen, die laut dieser Schätzung jährlich sexuell mißhandelt werden (Saller, H., 1986; Rust, G., 1986).« Allerdings bleibt diese Hochrechnung nicht unwidersprochen.[17] Dennoch meinen Glöer et al.[18]: »Die Anzahl bekanntgewordener Sexualdelikte gegen Jungen stieg durch die öffentliche Diskussion dramatisch an (vgl. Enders, U., Sinone, S., 1989; Anm. d. Verf.). Deshalb stellt die hier hochgerechnete Zahl von 50 000 Jungen sicher eine Unterschätzung des tatsächlichen Ausmaßes dar.« Zu bemerken ist: Diese Mißhandlungen implizieren auch exhibitionistische Akte, wo wiederum zu diskutieren wäre, inwieweit die Präsentation von Genitalien durch Erwachsene von zum Beispiel masturbatorischen Formen sexueller Gewalt im Hinblick auf ihre traumatisierende Wirkung zu unterscheiden seien, d. h. wir befinden uns in der Diskussion zur Definition von sexueller Gewalt an Kindern, worauf an anderer Stelle Bezug genommen wird. Doch zum sexuellen Mißbrauch von Knaben zählt auch die Prostitution. Hierzu sammelte Dirk Bange[19] von der Beratungsstelle für Kinderschutz in Unna Daten über die Jungenprostitution in der BRD und geht im Jahre 1990 von 10 000 –15 000 Jungenprostituierten aus.

Solveig Braecker und Wilma Wirtz-Weinrich[20] verwendeten die Zahlen des Kriminalistischen Institutes in Wiesbaden. Doch obwohl die Autorinnen im Titel explizit ankündigen, sich mit dem Mißbrauch an Kindern beiderlei Geschlechtes beschäftigen zu wollen, so liefern sie in bezug auf den Mißbrauch von Jungen keine Zahlen, sondern bemerken lediglich: »Nicht nur Mädchen, sondern auch Jungen werden sexuell mißbraucht. Genaue Angaben über die Anzahl von Jungen, die sexuell mißbraucht wurden, fehlen bisher.«

Schweiz

In der Schweiz wurde vom April 1989 bis März 1990 eine beispiellose Erhebung durchgeführt. Eine Arbeitsgruppe »Kindsmißhandlung«, bestehend aus zwölf Mitgliedern, eingesetzt durch das Departement des Inneren auf Antrag des Bundesamtes für Sozialversicherung, führte eine Untersuchung für den Bundesrat über Art und Umfang der Kindesmißhandlung in der Schweiz durch, insbesondere über das Ausmaß an physischer, psychischer und sexueller Gewalt gegen Kinder in der Familie.

Das Datenmaterial wurde im Rahmen einer Umfrage bei Spitälern, pädiatrischen Abteilungen, Kinderärzten, Gerichtsmedizinern, Familientherapeuten, Sozialarbeitern und Kinderschutzorganisationen erhoben. Die Resultate sind im Herbst 1992 veröffentlicht worden.[21] Die Arbeitsgruppe schätzt, daß etwa 50.000 Kinder sexuell mißbraucht werden. Die Formen des Mißbrauchs reichen von Exhibitionismus bis zu Vergewaltigung.

Des weiteren fällt auf, daß in der Schweiz in letzter Zeit mehrere Kinderschutzorganisationen (»Castagna«, »Limita« etc.) neu gegründet wurden und über ihre Arbeit publizieren: Allerdings richtet sich das Hilfsangebot schwerpunktmäßig an Mädchen!

Zwischenfazit
Der kurze Überblick bestätigt: Spezielle Untersuchungen zur Situation mißhandelter Jungen und entsprechende Institutionen zur Prävention und Therapie fehlen weitgehend. Die Zahlen in bezug auf die Häufigkeit und die Geschlechterverteilung des sexuellen Mißbrauchs von Knaben und Mädchen sind (wenn überhaupt vorhanden) sehr different. Die erwähnten Untersuchungen weisen ein Geschlechterverhältnis von 1:6 bis 1:1 aus.

Alter der Opfer

Über das Alter der am häufigsten mißbrauchten Knaben sind die Forschungsaussagen uneinheitlich:

Glöer et al.[22]: »Am meisten betroffen sind sechs- bis elfjährige Kinder, gefolgt von Kindern im Alter von null (?; Anm. d. Verf.) bis fünf Jahren, und dann erst kommt die Gruppe der Kinder zwischen zehn und vierzehn Jahren (Fürniss, T., 1989; National Center on Child Abuse and Neglect, 1981). Diese Zahlen widerlegen das Vorurteil, daß Jungen überwiegend in der Pubertät sexuell mißbraucht werden. Es sind Kinder, häufig Kleinkinder, die Opfer sexueller Gewalt werden.«

Diese Auffassung bestätigt teilweise auch Faller und das Autorenteam Dube/Herbert. Faller, der 87 Knaben und 226 Mädchen untersuchte, die Opfer eines sexuellen Mißbrauchs waren, stellt fest: Die Knaben waren zum Zeitpunkt des ersten Mißbrauchs durchschnittlich ca. 6,3 Jahre alt und die Mädchen 5,5 Jahre.[23] Und Dube/Herbert meinen[24]: Der Altersdurchschnitt, in dem der Mißbrauch geschah, lag bei 6, 8 – 7, 4 Jahren.

Lazartigues et al. hingegen weisen darauf hin, daß die Mehrheit der Fälle sich ereignete, als die Kinder zwischen 10 und 16 Jahre alt waren.[25]

Weitere Ergebnisse

- Knaben werden häufiger durch Täter mißbraucht, zu denen der Altersunterschied eher gering ist.
- Mit dem Alter der Kinder und mit ihrer Geschlechtszugehörigkeit korreliert auch das Maß der Anwendung von Gewalt: Ältere Kinder, vor allem Knaben, wurden eher Opfer von sexuellen Mißbrauchsformen mit physischer Gewaltanwendung.[26]
- Knaben werden häufiger durch Familienfremde mißbraucht.

Typischerweise gehört der Täter nicht direkt zur Familie, d. h. männliche Opfer im Schulalter werden mehrheitlich durch Personen außerhalb der häuslichen Umgebung verführt, doch stehen diese in einer eher nahen Beziehung zur Familie, d. h., die Täter waren der Familie bekannt. Gemäß Finkelhors Untersuchung[27] waren es in 83 Prozent der Fälle außerfamiliäre Täter. Gleichwohl waren die Täter meist den Jungen bekannt (Lehrer, Erzieher, Babysitter, Partner der Mütter). Dies bestätigt auch Faller[28], wobei weiterhin festgestellt wurde:

– Im Falle von Knaben mißbrauchte der Täter auch noch andere Kinder – im Gegensatz zu Mädchen, bei denen sich der Täter/die Täterin eher monogam verhielt. Auch dies wird im übrigen von Lazartigues et al., a. a. O., 1989 bestätigt.

– Die befragten mißbrauchten Personen zeigten Tendenzen zu Depression, Suizid und Drogen- bzw. Medikamentenabhängigkeit.

– Überdurchschnittlich häufig lebten die mißbrauchten Jungen und Mädchen in sogenannten unstabilen Familienverhältnissen und lange Zeit allein mit ihrer Mutter.[29]

Geschlecht der Täter

Die Motive, Kinder sexuell zu mißbrauchen, scheinen bei weiblichen und männlichen Tätern ähnlich zu sein[30]: Im Vordergrund steht das Bedürfnis nach Macht und Kontrolle, aber auch nach Nähe und Intimität. Diese Mechanismen wirken besonders bei Abwesenheit von Bezugspersonen der mißbrauchenden Person.

Die Mehrheit der Täter im Falle des Knabenmißbrauchs sind jedoch Männer, wie auch van den Broek feststellt. Allerdings weist eine Untersuchung von Cook-Woods[31] auch auf eine steigende Quote von Täter*innen* hin – ein Sachverhalt, der bisher viel zu wenig Beachtung fand, u. a. auch deswegen, weil »mütterliches« Verhalten (Waschen, sonstige Formen von Körperpflege, Küssen, Berühren, aber auch: Gespräche über Sex, gemeinsames

Betrachten pornographischer Darstellungen), ein quasi rollenkonformes Verhalten der Frau, eine legitime Oberfläche bietet, um egoistische erotische Bedürfnisse der Frau auszuagieren.

Sexueller Mißbrauch im Rahmen von Inzest

Hirsch stellt fest[32]: ».. . 90 Prozent der Inzesttäter (wenn man einmal vom Geschwisterinzest . . . absieht)« sind »nach einer Schätzung von Finkelhor (Finkelhor, D., 1982) Männer.« Die in Deutschland bzw. in Nordrhein-Westfalen bekannt gewordenen strafrechtlichen Fälle im Jahre 1980 verweisen gar auf eine Quote von 99 Prozent.[33]

Das schweizerische Sorgentelefon für Kinder vermerkt von 102 Mädchen und 54 Knaben Inzestmeldungen.[34]

Die Kinder, die selbst anriefen, waren zwischen 8 und 15 Jahre alt. Einige Kinder waren Tötungsdrohungen von Brüdern und Vätern ausgesetzt.

Bei Inzesthandlungen in Begleitung physischer Gewalt hatten die Kinder seltener den Mut, selbst anzurufen. Die Anzeige bzw. Hilferufe tätigten Drittpersonen (Verwandte, Bekannte oder betroffene Mütter, *keine* Väter).

Das jüngste Inzestopfer, das bekannt wurde, war sechs Wochen alt.

Über Frauen als Inzest-Täter ist wenig bekannt. Es scheint eine Tendenz zu bestehen, den Mutter-Sohn-Inzest unterzubewerten, wie auch Anne Banning im Anschluß an ihre 1988 in Australien durchgeführte Untersuchung resümiert.[35]

Sie erklärt ferner, daß die angenommene hohe Dunkelziffer mit einer mangelnden kulturell bedingten Bereitschaft zusammenhänge, Frauen als Täterinnen anzusehen.

Ideologische Widerstände erwachsen ausgerechnet auch aus feministischen Reihen mit ihren Tendenzen,

Männer und Frauen in »böse« und »gut« zu spalten. Entsprechend sind die geschlechtsspezifischen Zuweisungen von Täter- und Opferrollen bereits fixiert.

Als ein Ausdruck kulturell determinierter Toleranz gegenüber sexuellen Übergriffen seitens von Müttern können einige Filme als Beispiel dienen, in denen der Mutter-Sohn-Inzest ästhetisiert und somit idealisiert wird.

Im Anschluß an diese Idealisierungstendenz läßt sich auch fragen, ob sich hierin eine gängige Vorstellung unserer Gesellschaft dokumentiert, wonach der Mutter-Sohn-Inzest »harmloser« sei (vielleicht weil mit geringeren physischenVerletzungen des Opfers verbunden) im Vergleich zu anderen Formen sexuellen Mißbrauchs. Sind Gründe für die Verdrängungen, für das »Übersehen« in den weniger aggressiven Sexualpraktiken von Frauen und Müttern zu erblicken? Bei der Ästhetisierung, d. h. Idealisierung wird häufig nicht ganz klar, wo die Zärtlichkeit endet und der Mißbrauch beginnt.

Dies läßt sich auch für die gängigen gesellschaftlichen Normen behaupten, die das Mutter-Kind-Verhalten prägen und dem sexuellen Mißbrauch generell mehr Spielraum lassen: Stimulationen und Manipulationen im Rahmen von Körperpflegemaßnahmen, Körperkontakten etc. erregen, als Maßnahme mütterlicher Fürsorge »getarnt«, keinen Verdacht auf Inzest. Sexuelle Neugier wird rationalisiert durch gewissenhafte Körperpflege.

Allerdings verändert das sich wandelnde Rollenverständnis letztlich doch die Diskrepanz zwischen der Anzahl männlicher und weiblicher Sexualverbrecher.[36]

Mathias Hirsch, der eine sehr sorgfältige Arbeit zum Inzest verfaßt hat, referiert die Meinung der von ihm diskutierten Autoren[37]: »Es herrscht allgemeine Übereinstimmung, daß Inzest zwischen Mutter und Sohn mit der größten Abscheu bedacht und am meisten tabuisiert wird (Raphling, D. L., Carpenter, B. L., Davis, A., 1967; Margolis, M., 1977; Rist, K., 1979; Shengold, L., 1980).«

Die Konsequenzen des Mutter-Sohn-Inzests sind für die psychische Entwicklung des Knaben in jedem Falle schwerwiegend:

– Der Mutter-Sohn-Inzest verhindert im frühen Alter des Opfers die Identifikation mit dem Vater, mit seiner Wahrnehmung der Realität. Der Sohn bleibt in der symbiotischen Dyade mit der Mutter befangen, und ein weiterer Entwicklungsschritt in der psychosexuellen Reifung, d. h. die Entwicklung der ödipalen Phase, bleibt aus.[38]

Mit anderen Worten: die Sicherheit, Vertrautheit und Intimität mit seinen Bezugspersonen ist für den Menschen in seinen frühesten Lebensjahren besonders wichtig. Es sind notwendige Bedingungen für die Ausbildung seiner Autonomie, für die Entwicklung von Neugier auf familienfremde Bereiche. Inzesterlebnisse jedoch gefährden diese Entwicklung, halten den Sohn in Abhängigkeit von der Mutter, stören seine Möglichkeit zur Herstellung befriedigender Kontakte mit anderen Personen und damit seine Identitätsbildung.

– Die enge sexualisierte Beziehung zur Mutter kann vor allem im jungen Alter des Opfers eine Differenzierung von Selbst und Objekt verhindern, d. h. die Herausbildung eines klaren Identitätsbewußtseins, was eine Psychose zur Folge haben kann.[39]

– Gelingt es dem Knaben im Erwachsenenleben, emotionale Kontakte zu anderen Menschen aufzubauen, so wird möglicherweise »Nähe« erneut mit »Inzest« assoziiert und bewirkt Angst und Panik, so daß Beziehungsstörungen die Folge sein können.

– Von Mathias Hirsch stammen im wesentlichen folgende Beobachtungen über die Psychodynamik der Beziehung zwischen Mutter und Sohn, aus der Mutter-Sohn-Inzest entstehen kann. Er stellt folgende Fakten fest[40]:

  * Es besteht eine frühe intensive, erotisierte Bindung an die Mutter.

* Eine durch körperlich-sexuelle Nähe repräsentierte »gute« Symbiose schafft das manische Hochgefühl grenzenloser Omnipotenz im frühen Alter, solange die Stimmung lustvoll erlebt wird.
* Daneben besteht aber auch ein emotionaler Mangel.
* Ein physisch oder psychisch abwesender Vater verhindert die Triangulierung und Identifikationsmöglichkeiten.

Welche Mütter mißbrauchen ihre Söhne?
Das Opfer hat häufig eine extrem abhängige Mutter, die unfähig ist, allein zu sein. Sie unterhält nicht selten promiskuöse, sexuelle Kontakte.[41]

Der Sohn einer solchen Mutter wird zum Opfer der ambivalenten sexualisierten Abhängigkeit der Mutter und ihrer gegen Männer gerichteten Aggression.

Häufig wird der Knabe zum Partnerersatz (Parentifikation). Die Mutter verleugnet ihre Mutterrolle oder kann sie aus anderen psychopathologischen Gründen nicht erfüllen: Während Shengold[42] eine partielle Psychose der mißbrauchenden Mutter diagnostizierte, konnte Krug[43] dies nicht feststellen. Er zeigte in einer Studie von acht Mutter-Sohn-Inzest-Fällen, daß dieser in erster Linie geschah, um die Bedürfnisse der Mütter zu befriedigen. In keinem Fall war die Mutter psychotisch. In sieben Fällen ging die Initiative zur Verführung und zum sexuellen Mißbrauch von den Müttern aus, während ihre Söhne im präpubertären Alter waren. Der Mißbrauch setzte sich fort bis zum frühen Erwachsenenalter. Jeder der Söhne berichtete von Schwierigkeiten, eine intime emotionale und sexuelle Beziehung mit einer Person unterhalten zu können. Und die meisten zeigten Anzeichen von Depression.

Hirsch meint im Hinblick auf die Täterinnenpathologie in Anlehnung an Frances & Frances[44], daß, wenn Mutter-Sohn-Inzest sich ereigne, sehr schnell die psychiatrische Diagnose »Psychose oder Schizophrenie« gestellt werde, was seiner Meinung nach weniger den Tatsachen entspricht als vielmehr die Rigidität der gesellschaftlichen Sanktionierung spiegele (oder eine andere Form der Verleugnung; Anm. d. Verf.).

Warum war über den Mißbrauch an Knaben so lange nichts bekannt?

Es ist sehr wohl möglich, daß der Mißbrauch an Knaben an Häufigkeit zunimmt, jedoch besteht hierüber keine Sicherheit, da Langzeitstudien über den zur Diskussion stehenden Sachverhalt fehlen. Dies wiederum kann bedeuten, daß entweder keine Notwendigkeit oder aber kein Interesse an dieser Frage bestand bzw. besteht. Sicher ist demnach vor allem eines: unser mangelnder Wissensstand und die geringe Bekanntheit dieses Deliktes.

Dieser findet m. E. auf verschiedenen Betrachtungsebenen eine Erklärung, und er muß erörtert werden im Zusammenhang mit den sich wandelnden Definitionen des Kindheitsstatusses, den Anschauungen der kindlichen Sexualität und der geschlechtsspezifischen Rollenzuweisung für männliches und weibliches Verhalten.

Geschichtliche Betrachtungen vermitteln uns Erkenntnisse über gesellschaftsspezifische Vorstellungen, Projektionen und Vorstellungen von Kindheit.[45/46]

Es wird deutlich: Was heute als Verbrechen gilt, war früher keines. Heute ist verboten, was gestern erlaubt war (ein Argument, das im übrigen die Pädophilen häufig für ihre eigene Rechtfertigung benutzen).

Beispiele für das sich wandelnde Verständnis der Kindheit und der sexuellen Beziehung zwischen Kindern und Erwachsenen:

– In den versunkenen Hochkulturen Ägyptens zu Zeiten Tutenchamuns bzw. Echnatons war dynastischer Inzest nicht verboten – er wurde im Gegenteil befürwortet, sollte doch auf diese Weise das königliche Geblüt vor Verunreinigung bewahrt werden.

– Auch Kinderprostitution war früher kein Delikt – Kinder nahmen am Sexualleben Erwachsener teil, ein Sachverhalt, den ebenfalls die Pädophilen zur Durchsetzung ihrer eigenen Interessen erwähnen.

– Nach Elias[47] war der Anblick völliger Nacktheit die alltägliche Regel bis ins 16. Jahrhundert hinein. Erst dann, erst in der Zeit, »die man gelegentlich als das ›Jahrhundert der Kinder‹ bezeichnet hat, dringt die der vorgerückten Distanz zwischen Kindern und Erwachsenen entsprechende Einsicht, daß sich die Kinder nicht wie Erwachsene verhalten können, mit entsprechenden Erziehungsratschlägen und Vorschriften langsam in den Kreis der Familie«.[48]

– Trube-Becker meint: »Nicht nur in der Antike lebte das Kind in seinen ersten Lebensjahren in einer Atmosphäre sexuellen Mißbrauchs, sondern bis ins 19. Jahrhundert hinein . . .«[49]

– Der geschichtliche Wandel macht sich zudem bemerkbar bei der Rechtsprechung, Tabuisierung oder Diskussion über die Zulässigkeit sexuellen Mißbrauchs an Kindern. Darauf weist ebenfalls Lloyd de Mause hin.[50]

Die Eltern-Kind- bzw. die Erwachsenen-Kind-Beziehung sowie die sozial-kulturelle Definition des Kindheitsstatusses und die damit zusammenhängende Vorstellung über die kindliche Sexualität variieren demnach zeit-, kultur- und gesellschaftsspezifisch. Generell kann man aber aus der Geschichte folgern, daß der sexuelle Mißbrauch an Kindern erst in jüngerer Vergangenheit als solcher definiert, ethisch verurteilt und strafrechtlich verfolgt wird, und es hat den Anschein, das Kind sei mehrheitlich rechtlos.

Aber wie konnte den Experten, den Pädagogen, Medizinern, Psychiatern und Psychotherapeuten der sexuelle

Mißbrauch, nachdem er einmal als Delikt definiert worden war, so lange verborgen bleiben?

Exemplarisch sei auf die frühe Geschichte der Psychoanalyse verwiesen, die mit manchen sexuellen Tabus brach, doch auch dazu beitrug, den Kindesmißbrauch zu verleugnen. Glöer, N. und Schmieskamp-Böhler, I. meinen[51]: »1896 wird im deutschsprachigen Raum von Freud der sexuelle Mißbrauch von Kindern beschrieben. In allen achtzehn Fällen (sechs Männer und zwölf Frauen) berichteten die Patienten von sexuellen Mißhandlungen durch Erwachsene oder ältere Geschwister«. Massons[52] Überlegungen, auf die auch Mathias Hirsch[53] hinweist, zeigen, »Freud hatte zwar anfänglich sexuellen Mißbrauch, insbesondere inzestuösen, in der Vorgeschichte seiner hysterischen Patienten gefunden, widerrief jedoch diesen Befund und verwies die Inzestdynamik in den Bereich der Phantasie der betroffenen Patienten«. Freuds Entwicklung der Theorie des Ödipuskomplexes führte also zur Vernachlässigung der Verführungstheorie. Der »Widerruf«, das Entweder-Oder, d. h. die Spaltung von Phantasie und Realität bzw. die *ausschließliche* Konzentration auf kindliche ödipale *Phantasien* (bei einigen Epigonen Freuds auch in der Gegenwart noch feststellbar), bewirkt eine Haltung, die die Abwehr der Gesellschaft unterstützt, den Täter schützt, das Kind rechtlos hält und die Fortsetzung von Kindesmißhandlung begünstigt.

Ein anderer Gesichtspunkt: Braecker und Wirtz-Weinrich (a. a. O., S. XI) meinen, der sexuelle Mißbrauch an Mädchen habe nur aufgedeckt werden können, weil Frauen so mutig waren, als Erwachsene vom Geschehenen zu berichten. Sind Männer in dieser Beziehung weniger mutig? Oder verhalten sich Männer in dieser Beziehung nur rollenkonform, wonach Jungen stark und aktiv sind, Situationen kontrollieren und sich wehren können, keine Hilfe brauchen und dementsprechend eher selten Opfer sind? Zu diesen Attributen konventioneller Männlichkeit

170

gesellt sich die Vorstellung, daß männliche Sexualität im Jugendalter etwas Aktives, Positives, Erwünschtes sei und der Mann dementsprechend nicht Opfer sexueller Angriffe oder Mißbrauchsvorgänge sein könne (eine These, die der Autor des vorliegenden Buches ausführlich belegt).

Dies führt wiederum zu einer weiteren Frage: Wird die Debatte über die sexuelle Mißhandlung von Knaben überlagert von sexistischen Vorurteilen, die unkritisch dazu tendieren, dem Mann die Rolle des potentiellen Täters zuzuweisen?

Ein weiterer Gesichtspunkt: Wenn man einmal einige Fälle sexuellen Mißbrauchs an Knaben, die der Justiz bekannt geworden sind, betrachtet und die Fälle aus der eigenen psychotherapeutischen Praxis reflektiert, so gleicht (nicht zuletzt angesichts der Erkenntnis, daß es eher selten Täter sind, die dem Jungen nicht bekannt sind) die sexuelle Viktimisierung von Knaben den nicht geschlechtsspezifischen Mechanismen von Macht und Unterdrückung.

– Jungenprostitution wird z. B. möglich, solange Geld als Machtmittel eingesetzt wird. Dirk Bange sieht in diesem Phänomen ökonomische, soziale und psychologische Gegebenheiten repräsentiert und nimmt speziell einen Zusammenhang zwischen patriarchalisch-kapitalistischer Gesellschaft und Prostitution als gegeben an.[54]
– Sexueller Mißbrauch an Knaben durch Lehrer, Verwandte, Väter und Mütter wird möglich durch Ausnutzung der Abhängigkeitsverhältnisse. Das Schweigen, die Loyalität, wird erzwungen durch Ausnutzung der existentiellen Hilflosigkeit des Knaben.
– Der mißbrauchte Junge hat Angst vor der Stigmatisierung, vor dem Spott seiner Kameraden: Will er doch nicht anders sein als die anderen. Auch wenn Freunde Mißbrauchshandlungen beobachten, so ernten die Op-

fer eher Hohn und Spott als Solidarität, Mitgefühl und Hilfe, und oft wird ihnen unterstellt, diese Situation aktiv herbeigeführt zu haben.

Der Junge wird, auch von seiner »peer group«, nicht als Opfer gesehen, sondern als aktiver Initiant (alle Schuld wird dem Opfer zugemessen): ein Wahrnehmungsmuster, das auch vergewaltigte Frauen kennen und das von Alice Miller unter dem Begriff »Schwarze Pädagogik« populär gemacht wurde.[55] Er soll verdeutlichen, daß alle Schuld an Mißhandlungen bzw. Gewalt durch Erwachsene den Kindern zugewiesen wird.

– Die Rolle des Partnerersatzes führt zur Aufwertung des Selbstwertgefühls des Opfers (narzißtische Zufuhr), so daß das Gefühl des Ausgenutztwerdens sich nicht unmittelbar einstellt, da das Kind auf die emotionale und sexuelle Bedürftigkeit des Erwachsenen reagiert. Der Sohn will zum Beispiel der Mutter helfen, über den Verlust des Partners hinwegzukommen. Er ist stolz auf das Gefühl des Erwachsenseins. Von den mißbrauchenden Tätern wiederum, besonders von Müttern, wird das Kind als Teil des eigenen Selbst erlebt, wobei sich der Erwachsene nicht vorstellen kann, daß das, was ihm Lust bereitet, für das Kind eine andere Bedeutung haben könnte (besonders Pädophile zweifeln nicht daran, daß Kinder genau das brauchen, was die Pädophilen ihnen geben zu können glauben).

– Bei Mißbrauch an Jungen durch Männer spielt noch zusätzlich die Tabuisierung der männlichen Homosexualität eine Rolle – der weiblichen Homosexualität wird in unserer Gesellschaft immer noch mehr Toleranz entgegengebracht.

Folgeschäden

Broeks Beschreibung von Folgeschäden seien wie folgt zusammengefaßt und ergänzt:

1. Die Folgen und Traumatisierungen hängen mit der Art des Mißbrauchs, mit dem Alter von Opfer und Täter, dem Geschlecht des Täters und mit der Beziehung zwischen Opfer und Täter zusammen (der Mißbrauch durch Fremde führt z. B. beim Opfer seltener zu Schuldgefühlen).
Eine nicht zu unterschätzende Rolle spielt auch die Phantasie des Kindes. Ein Trauma entsteht u. a. auch dann, wenn Phantasie und Realität zusammentreffen. Daneben hängt die psychische Gesundheit des mißbrauchten Kindes im wesentlichen davon ab, ob das Erlebnis in einer schützenden Umgebung verarbeitet werden kann, zusammen mit Menschen, die ihm glauben und die seine Partei gegen den Täter ergreifen.
Die »National Society for the Prevention of Cruelty to Children« überprüfte die Effekte einer Gruppentherapie an sechs Knaben zwischen acht und elf Jahren, die innerhalb ihrer Familie von Vätern, Müttern, Stiefbrüdern oder Untermietern mißbraucht worden waren. Dabei wurde festgestellt, daß der sichere Rahmen, in dem oben genannte Themen – Gefühle, die aus dem Mißbrauch resultieren – diskutiert werden können, zur Verringerung von Schuldgefühlen bzw. Selbstanklagen und zur Wiederherstellung des Selbstwertgefühls dienen.[56]

2. Die Vielzahl der Diagnosen (von der Psychose bis zur »harmloseren« Neurose oder einem reaktiven Schockerleben) repräsentieren weniger die Wirklichkeit der Folgeschäden als zunächst einmal den wissenschaftlichen Standort des Untersuchers.

3. Daneben demonstrieren die katamnestischen Untersuchungen eindrücklich: Es gibt nicht nur *eine* Konsequenz.

Steht z. B. die Sucht im Vordergrund, kann Beschaffungskriminalität Prostitution begünstigen. Begleitende Umstände der Knabenprostitution sind häufig:
- geringe Bildungschancen
- Selbstwertprobleme
- hohes Morbiditätsrisiko
- psychische Destabilisierung, Erkrankungen
- Verlust mitmenschlicher Kontakte
- Verhaltensauffälligkeit/Delinquenz

Steht die Frage der physischen Gewaltanwendung zur Diskussion, so gibt eine Vergleichsstudie Auskunft: In dieser wurden die Anzahl und die Folgeschäden (»posttraumatic stress disorder«) von sexuell physisch mißbrauchten und nicht mißbrauchten, in psychiatrischen Kliniken hospitalisierten Kindern verglichen. 20,7 Prozent der sexuell mißbrauchten Kinder wiesen Symptome der Posttraumatic-Stress-Disorder-Skala auf im Gegensatz zu 6,9 Prozent der physisch mißbrauchten und 10,3 Prozent der nicht mißbrauchten Kinder. Überdurchschnittlich viele der sexuell mißbrauchten Kinder zeigten unabhängig von der Geschlechtszugehörigkeit ein unangemessenes Sexualverhalten.[57]

Ein wichtiges Fazit: Die Diskussion um die Folgeschäden ist gekennzeichnet durch unterschiedlichste definitorische Auslegungen des sexuellen Mißbrauchs: die Skala der Interpretationen reicht von Bagatellisierung bis zur Dramatisierung.[58] Sie reflektieren die Anwesenheit oder Abwesenheit physischer Gewaltanwendung. Doch, so gilt es zu bedenken, ist sexueller Mißbrauch, in welcher Form er auch immer stattfinden mag, abzuspalten von Mechanismen der Macht, Herrschaft und Gewalt?

Daneben kann man sich angesichts der gegenwärtigen Diskussion auf den unterschiedlichsten Ebenen gesellschaftlicher Institutionen auch fragen, ob unsere Gesellschaft überhaupt ernsthaft an der Aufklärung von Sexualdelikten gegenüber Kindern und Jugendlichen interessiert ist.

Jenseits aller definitorischen Auseinandersetzungen gilt m. E.: Ein Kind, das zärtlichen Körperkontakt zu Erwachsenen sucht, tut dies nicht in erster Linie mit der Absicht, sich sexuell zu erregen. Es hat ein Recht auf eine adäquate Erwiderung dieser Zärtlichkeiten, die im Dienste seiner Bedürfnisse stehen und nicht zur egoistischen sexuellen Ausbeutung durch Erwachsene benutzt werden dürfen.

Verschiedene Folgen des Mißbrauchs bei Mädchen und Knaben

Im Anschluß an die bestehenden Erkenntnisse möchte ich die These formulieren:

Die Unterschiede des Mißbrauchs von Knaben und Mädchen manifestieren sich weniger in den physischen und psychischen Folgeschäden als vielmehr in den Reaktionsweisen der Gesellschaft und den bei den Opfern dadurch bewirkten Formen psychischer Bewältigung.

Für Jungen wie für Mädchen ist es sehr schwer, sich zu wehren:

a) wenn die sexuellen Handlungen mit Gewalt,

b) aber auch wenn sie nicht mit Gewalt verknüpft sind,

c) wenn sie durch Personen ausgeführt werden, die das Kind oder der Jugendliche prinzipiell liebt oder die idealisiert werden,

d) wenn dem Opfer suggeriert wird, diese Handlungen mitinitiiert zu haben,

175

e) wenn die empfundene Abscheu mit Loyalitätsgefühlen gegenüber der mißhandelnden Person kollidiert,

f) wenn er oder sie Belohnungen oder Gratifikationen (u. a. auch die Bestätigung seines Selbstwertgefühls) erhält,

g) wenn Sexualität als Liebe und Zuwendung »verkauft« wird,

h) wenn der Täter/die Täterin das Mitleid des Opfers erweckt.

Die Liste von Folgeschäden des sexuellen Mißbrauchs von Knaben übertrifft allerdings jede Vorstellungskraft:

- Störungen in der Geschlechtsidentität
- Sich nicht abgrenzen können
- Gefühlsverwirrungen, Haß, Hilflosigkeit, Wut und Scham– Störungen in der Sexualentwicklung: frühe Sexualisierung, sexualisierendes Verhalten, traumatische Sexualisierung, exzessives Masturbieren, das Gefühl, homosexuell zu sein, Verwechslung von Liebe und Sexualität, sexuelle Funktionsstörungen
- Beziehungsstörungen; Einsamkeit, Angst vor engen Bindungen und der damit verbundenen Gefahr, erneut mißbraucht zu werden oder in Abhängigkeit zu geraten
- Verhaltensstörungen
- Schlafstörungen

Glöer und Schmiedeskamp-Böhler[59] fügen hinzu:

Verhaltensauffälligkeiten:
»– Sehr häufiges, öffentliches Masturbieren
- Detailliertes und altersunangemessenes Wissen über Sexualität
- Sexuelle Sprache, sexuell anzügliches Verhalten
- Sexuell aggressives Verhalten gegenüber anderen Kindern

176

- Plötzlich auftretendes, sehr aggressives Verhalten
- Plötzlicher Rückzug, Isolation des Jungen
- Plötzlich auftretende Ängste
- Plötzlich auftretendes depressives Verhalten
- Brandstiftung, Zündeln
- Suizidalität
- Selbstzerstörerisches Verhalten, Selbstverstümmelungs-versuche
- Schlafstörungen
- Kein Vertrauen mehr zu engen Bezugspersonen
- Plötzlicher Leistungsabfall in der Schule
- Drogen- und Alkoholprobleme
- Extreme Anklammerungswünsche (bei kleinen Kindern)«

Physische Symptome
»– Plötzlich auftretende Bauchschmerzen, die ›keine Ursache‹ haben
- Geschlechtskrankheiten
- Wundsein und Jucken im Genitalbereich
- Fremdkörper im Anus
- Blutergüsse, Kratz- und Bißwunden im Brust-, Po-, Genitalbereich und an den Oberschenkeln
- Blutungen, Risse im Rektalbereich
- Ungewöhnliche Dehnung des Anus
- Verletzungen, Blutungen, Rötungen des Penis
- Schmerzen ungeklärter Ursache im Genitalbereich«

Aber, um noch einmal die These der gesellschaftlichen und die geschlechtsspezifisch internalisierten Mechanismen der Bewältigung aufzugreifen, so kann man beide Annahmen wie folgt belegen:
»In einer Untersuchung über sexuellen Mißbrauch in der Familie von Pierce/Pierce zeigt es sich, daß bei Bekanntwerden von sexueller Gewalt 20 Prozent der sexuell mißhandelten Mädchen, aber nur 4 Prozent der Jun-

gen zum Schutz vor weiteren Übergiffen aus der Familie herausgenommen worden waren (Pierce, R., Pierce, L., 1985).« [60]

Knaben fühlten sich weniger als Opfer.[61]

Sexuelle Übergriffe auf Jungen werden stärker bagatellisiert. Den Opfern wird nicht geglaubt, und sie fühlen sich während ihres weiteren Lebens verantwortlich für das an ihnen begangene Unrecht.[62]

Anmerkungen zum Nachtrag zur deutschen Ausgabe

1 Liner-Boillat, F., 1992, S. 35.
2 A. a. O., S. 35.
3 Remschmidt, H., .1987.
4 Trube-Becker, E., 1988.
5 NZZ, Neue Zürcher Zeitung, 1991.
6 An dem u. a. Kavemann, Trube-Becker, Steinhage, Nele Glöer sowie die Gruppe Wildwasser ihre Erfahrungen zu Gehör brachten, die sich mehrheitlich auf Mädchen als Opfer von sexueller Mißbrauchserfahrung bezogen.
7 Vgl. z. B. Walter, J., 1989; Olbing, H., Bachmann, K., Gross, R., 1989; Ziegler, F., 1990; Martinius, J., Frank, R., 1990.
8 Bange, D., 1989.
9 Glöer, N., Schmiedeskamp-Böhler, I., 1990, S. 12/13.
10 Die Daten stützen sich erstens auf die systematische Durchsicht der neueren Forschungsliteratur, wobei die Literaturrecherche u. a. auch deswegen erschwert ist, da »child sexual abuse«, sexueller Kindesmißbrauch, nicht als expliziter Forschungsfokus eingeführt wurde, andererseits wurden im Raume der ehemaligen BRD und der Schweiz relevante universitäre, kriminalistische und privat organisierte Institutionen, die sich mit der vorliegenden Thematik befassen, angefragt. Die Darstellung erhebt keinen Anspruch auf Vollständigkeit – der Schwerpunkt liegt auf der Forschungssituation in der ehemaligen BRD und der Schweiz.
11 Dube, R., Hebert, M., 1988.
12 Hirsch, M., 1990, S. 147.
13 Finkelhor, D., 1984.
14 Finkelhor, D., Hotaling, G., Lewis, I. A., Smith, Ch., 1990.
15 Lazartigues, A., Perard, D., Lisandre, H., Pailleux, T., 1989.
16 A. a. O., S. 16.
17 Vgl. Ernst, C., 1992.
18 A. a. O., S. 17.
19 Bange, D., 1990.
20 Braecker, S., Wirtz-Weinrich, W., 1991, a. a. O., S. 4.
21 Arbeitsgruppe Kindesmißhandlung 1992.
22 A. a. O., S. 17.

23 Faller, K. C., 1989.

24 Dube, R., Hebert, M., 1988.

25 Lazartigues, A., Perard, D., Lisandre, H., Pailleux, T., 1989.

26 Lazartigues, A., Perard, D., Lisandre, H., Pailleux, T., 1989.

27 Finkelhor, D., 1979b.

28 Faller, K. C., 1989.

29 Finkelhor, D., Hotaling, G., Lewis, I. A., Smith, Ch., 1990.

30 Vgl. Glöer, N., 1990.

31 Cook-Woods, S., Self Dean, K., 1985, zit. in Glöer, Schmie-deskamp Böhler, 1990, a. a. O., S. 18.

32 A. a. O., S. 13.

33 Trube-Becker, E., 1982.

34 Sorgentelefon für Kinder 1989/1990, S. 29.

35 Banning, A., 1989.

36 Vgl. hierzu auch Banning, A., 1989.

37 A. a. O., S. 148.

38 Margolis (Margolis, M., 1984) berichtet von einer » follow-up-Studie«, die einer neunjährigen psychoanalytischen Behandlung folgte (diese begann, als das Inzestopfer 19 Jahre alt war). Der Inzest wird in dieser Studie als Kompromiß-Formation definiert, in der die meisten Aspekte des positiven Ödipus unterdrückt werden, wohingegen präödipale Impulse zugelassen werden.

39 Vgl. auch Bachmann, K. M., Bossi, J., 1992.

40 A. a. O., S. 152 ff.

41 Hirsch, a. a. O., S. 152 ff.

42 Shengold, L., 1963.

43 Krug, R. S., 1989.

44 Frances, V., Frances, A., 1976.

45 Vgl. auch z. B. Gstettner, P., 1981.

46 Auch Ariès (Ariès, Ph., 1960) weist darauf hin, daß unsere modernen Einstellungen zur Kindheit, unsere Theorien über Kindheit, in den letzten Jahren des 16. und zu Beginn des 17. Jahrhunderts unbekannt waren.

47 Elias, N., 1981.

48 Elias, N., a. a. O., S. 229.

49 Trube-Becker, E., 1987.

50 de Mause, L., 1977.

51 A. a. O. 1990, S. 13.

52 Masson, J., 1984.

53 Hirsch, M., 1990, a. a. O., S. 3.

54 Vgl. Bange, D., 1990, a. a. O.

55 Miller, A., 1980.
56 Leith, A., Handforth, S., 1988.
57 Deblinger, E., McLeer, S. V., Atkins, M. S., Ralphe, D., Foa, E., 1989.
58 Vgl. auch Bornemann, E., 1989.
59 A. a. O., S. 36 ff.
60 Glöer et al., S. 28.
61 Vgl. Gordon, M., 1989.
62 Im Zusammenhang mit der Inzestproblematik diskutiert Bernstein (Bernstein, W., 1984) die Rolle der Verleugnung als einen Mechanismus zur Verteidigung eines intakten Selbst (Selbstschutz), welche die Entstehung von Schuldgefühlen verhindert und assoziiert ist mit antisozialen Wünschen. Er präsentiert die Resultate einer Studie mit 119 »male undergraduates«, um das Ausmaß ihrer Schuldgefühle im Zusammenhang mit Inzestvergehen einzuschätzen. Erste ermittelte Parameter waren: Alter der Mutter, Intensität der Beziehung zur Mutter, die sexuellen Bedürfnisse der männlichen Jugendlichen, die Attraktivität der Mütter. Die meisten Schuldgefühle hatten Söhne mit jungen Müttern und solche, die intim mit ihren Müttern waren – diese wurden auch am meisten affiziert durch die den Inzest positiv bestätigenden Stimuli. Personen mit attraktiven Müttern und großer sexueller Bedürftigkeit hatten mehr inzestuöse Gedanken als andere. Die Resultate zeigen schließlich einen dynamischen Motivations-Inhibierungsprozeß in solchen Situationen, wenn die Motivation hoch ist und zugleich die Möglichkeit zum Vollzug wahrscheinlich ist (Bereitschaft der Mutter).

Literatur zum Nachtrag
zur deutschen Ausgabe

ARBEITSGRUPPE KINDESMISSHANDLUNG 1992; Kindesmißhandlung in der Schweiz. Schlußbericht zuhanden des Vorstehers des Eidgenössischen Departementes des Inneren, Bern: EDMZ.

ARIÈS, PH. (1960), Geschichte der Kindheit, München, Wien.

BACHMANN, K. M., Bossi, J. (1992), Der Traum vom verstorbenen Vater: Inzest und Psychoseabwehr, subm. in Journ. of Nervous and Mental Disease.

BANGE, D. (1989), »Es hätte mir ja sowieso keiner geglaubt!« Sexuell mißbrauchte Jungen – Kinder ohne Lobby, in: Päd. extra & Demokratische Erziehung, 2 (10), 36 –39.

BANGE, D. (1989), Jungenprostitution, in: Päd. extra & Demokratische Erziehung, 3 (11), 33–38.

BANNING, A. (1989), Mother-Son Incest: Confronting a Prejudice, in: Child Abuse and Neglect, 13 (4), 563–570.

BAURMANN, M. C. (1985), Sexualität, Gewalt und die Folgen für das Opfer. BKA Forschungsreihe, Wiesbaden.

BERNSTEIN, W. (1984), Denial and self-defense, Psychoanalysis & Contemporary Thought, 7 (3) 423–457.

BORNEMANN, E. (1989), Kindersexualität, Kindesmißbrauch, Kinderprostitution, Pädophilie. Ein Beitrag zur Klärung der Begriffe, in: König, Ch., Gestörte Sexualentwicklung bei Kindern und Jugendlichen. Begutachtung, Straffälligkeit, Therapie. München: Reinhardt, 120–128.

BRAECKER, S., WIRTZ-WEINRICH, W. (1991), Sexueller Mißbrauch von Mädchen und Jungen, Weinheim, Basel.

BROWNING, D., BOATMAN, B. (1977), Incest: Children at risk, in: American Journal of Psychiatry, 134, 69–72.

COOK-WOODS, S., SELF DEAN, K. (1985), Implications of the findings of the sexual abuse of males research. Workshop presented at Child Welfare League of America, Inc. Southern Regional Conference, Gatlinburg, Tennessee, 14, (5).

DE MAUSE, L. (1977), Hört ihr die Kinder weinen, Frankfurt/M.

DEBLINGER, E., MCLEER, S.V., ATKINS, M. S., RALPHE, D., FOA, E. (1989), Post-Traumatic Stress in Sexually Abused, Physically Abused, and Nonabused Children, in: Child Abuse and Neglect, 13 (3), 403–408.

DUBE, R., HEBERT, M. (1988), Sexual abuse of children under 12 years of age: A review of 511 cases, in: Child Abuse and Neglect, 12 (3), 321–330.

ELIAS, N. (1981), Über den Prozeß der Zivilisation, Frankfurt/M: Suhrkamp.

ENDERS, U., SINONE, S. (1989), Ein Junge weint doch nicht! Stadtrevue (12) 44–47.

ERNST, C. (1992), Unglaubwürdige Inzestzahlen, Leserbrief vom 8. 8. 92 zum Beitrag des Tages-Anzeiger, Zürich, 31. 7. 92 »Kinder als Opfer sexueller Gewalt«, Tages-Anzeiger, Zürich, 8. 8. 92, S. 13.

FALLER, K. C. (1989), Characteristics of a clinical sample of sexually abused children: How boy and girl victims differ, in: Child Abuse and Neglect, 13 (2), 281–291.

FINKELHOR, D. (1979b), Sexually victimized children, New York: Free Press.

FINKELHOR, D. (1982), Sexual abuse: A sociological perspective, in: Child Abuse and Neglect, 6, 95–102.

FINKELHOR, D. (1984), Child sexual abuse. New theory and research, New York, London: Free Press.

FINKELHOR, D. (1984), Child sexual abuse, London: Free Press.

FINKELHOR, D., HOTALING, G., LEWIS, I. A., SMITH, CH. (1990), Sexual abuse in a national survey of adult men and women: Prevalence, characteristics, and risk factors, 14 (1), 19–28.

FRANCES, V., FRANCES, A. (1976), The incest taboo and family structure, in: Familiy Process (15), 235–244.

FÜRNISS, T. (1989), Sexueller Mißbrauch von Kindern. Unveröffentlichter Vortrag vom 21. 1. 1989, Bad Segeberg.

GLÖER, N. (1988), Sexueller Mißbrauch von Jungen. Unveröffentlichte Diplomarbeit, Psychologisches Institut der Albert-Ludwigs-Universität Freiburg i. Br.

GLÖER, N. (1990), Sexuelle Mißhandlungen durch Jugendliche, Frauen und Männer, in: Pro Familia Magazin, 18 (3), 28–29.

GLÖER, N., SCHMIEDESKAMP-BÖHLER, L. (1990), Verlorene Kindheit. Jungen als Opfer sexueller Gewalt, München.

GORDON, M. (1989), Males and females as victims of childhood sexual abuse: An examination of the gender effect, Connecticut, American Sociological Association.

GSTETTNER, P. (1981), Die Eroberung des Kindes durch die Wissenschaft, Reinbek: Rowohlt.

HIRSCH, M. (1990), Realer Inzest, Berlin: Springer.

KAVEMANN, B., LOHSTÖTER, I. (1984), Väter als Täter, Reinbek.

183

KOLKO, D. J., MOSER, J. T., WELDY, S. R. (1988), Behavioral/
emotional indicators of sexual abuse in child psychiatric in
patients: A controlled comparison with physical abuse, in:
Child Abuse and Neglect, 12, 529–541.

KRUG, R. S. (1989), Adult male report of childhood sexual abuse
by mothers: Case descriptions, motivations and long-term
consequences, in: Child Abuse and Neglect, 13 (1), 111–119.

LAZARTIGUES, A., PERARD, D., LISANDRE, H., PAILLEUX, T.
(1989), Sexual abuses. Study of a population of 1000 students,
in: Neuropsychiatrie de l'enfance et de l'adolescence, 37, (5–
6), 223–229.

LEITH, A., HANDFORTH, S. (1988), Groupwork with sexually abused boys, in: Practice, 2 (2), 166–175.

LINER-BOILLAT, F. (1992), Die Entführung der Psyche. Annähe-
rung an einen Pädophilen, in: Das Magazin, wöchentliche
Beilage des Tages-Anzeigers, Nr. 7, 14./15. Februar, Zürich,
S. 32 ff.

MARGOLIS, M. (1977), A preliminary report of a case of con-
summated mother-son-incest, in: Ann Psychoanal (5)
267–293.

MARGOLIS, M. (1984), A case of mother-adolescent son incest: A
follow-up study, in: Psychoanalytic Quarterly, 53 (3),
355–385.

MARTINIUS, J., FRANK, R. (1990), Vernachlässigung, Mißbrauch
und Mißhandlung von Kindern, Bern: Huber.

MASSON, J. (1984), Was hat man dir, du armes Kind getan?
Reinbek: Rowohlt.

MILLER, A. (1980), Am Anfang war Erziehung, Frankfurt/M.:
Suhrkamp.

NATIONAL CENTER ON CHILD ABUSE AND NEGLECT (1981), Study
findings: National study of the incidence and severity of child
abuse and neglect, U. S. Department of Health and Human
Services.

NZZ, Neue Zürcher Zeitung (1991), Meldung der Nachrichte-
nagentur Reuter vom 24. 6. 91 »Helfen statt Schweigen«.

OLBING, H., BACHMANN, K., GROSS, R. (1989), Kindesmißhandlung. Eine Orientierung für Ärzte, Juristen, Sozial- und Er-
zieherberufe. Köln: Deutscher Ärzte Verlag.

PIERCE, R., PIERCE, L. (1985), The sexually abused child. A comparison of male and female victims, in: Child Abuse and
Neglect, (9), 191–199.

PORTER, E. (1986), Treating the young male victim of sexual as-

184

sault: Issues and intervention strategies. New York: Safer Society Press, Syracuse.

RAPHLING, D. L., CARPENTER, B. L., DAVIS, A. (1967), Incest. A genealogical study, in: Archive of Genealogic Psychiatry, (16), 505–511.

REMSCHMIDT, H. (1987), Etwa 300 000 Kinder jährlich werden sexuell mißbraucht! in: Deutsches Ärzteblatt, Ärztliche Mitteilungen, 84 (21), 1473–1477.

RIJNAARTS, J. (1988), Lots Töchter. Über den Vater-Tochter-Inzest, Hildesheim.

RIST, K. (1979), Incest: Theoretical and clinical views, in: Am. Journ. of Orthopsychiatry, 33, 310–311.

RUST, G. (1986), Sexueller Mißbrauch – ein Dunkelfeld in der Bundesrepublik Deutschland, in: (Backe, L., et al.) Sexueller Mißbrauch von Kindern in Familien, Köln: Deutscher Ärzte Verlag, 2–20.

SALLER, H. (1986), Sexueller Mißbrauch von Kindern – ein soziales Problem, in: AGEF, Sonderheft »Sexueller Mißbrauch von Kindern«, Bonn.

SHENGOLD, L. (1963), The parent as sphinx, in: Journal of the American Psychoanalytic Association (11), 725–751.

SHENGOLD, L. (1980), Some reflections on a case of mother/adolescent son incest, in: Int. Journ. of Psychoanalysis, 61, 461–476.

SORGENTELEFON FÜR KINDER (1989/1990), Jahresbericht.

STEINHAGE, R. (1989), Sexueller Mißbrauch an Mädchen. Ein Handbuch für Beratung und Therapie, Reinbek.

TRUBE-BECKER, E. (1982), Gewalt gegen das Kind. Kriminalstatistik-Verlag, Heidelberg.

TRUBE-BECKER, E. (1982), Gewalt gegen das Kind. Heidelberg: Kriminalstatistik-Verlag.

TRUBE-BECKER, E. (1987), Sexuelle Mißhandlung von Kindern – soziologische Gesichtspunkte, in: Das öffentliche Gesundheitswesen, Heft 5, Jg. 49.

TRUBE-BECKER, E. (1988), Sexueller Mißbrauch von Kindern aus rechtsmedizinischer Sicht, Forensia, 9 (2), 67–78.

WALTER, J. (1989) (Hrsg.), Sexueller Kindesmißbrauch im Kindesalter, Schriftenreihe der Gesellschaft für Sexualerziehung und Sexualmedizin, Baden-Württemberg, Bd. 4.

WIRTZ, U. (1989), Seelenmord, Inzest und Therapie, Zürich: Kreuz.

ZIEGLER, F. (1990), Kinder als Opfer von Gewalt, Bern: Huber.

Anmerkungen

1 *Inzest*

Bei Sexualität zwischen Erwachsenem und Kind denkt man in erster Instanz an Inzest. Inzest bezieht sich wörtlich auf den Geschlechtsverkehr zwischen Blutsverwandten, die miteinander keine Ehe eingehen können. José Rijnaarts (1987) hat eine Reihe von Einwänden gegen den Begriff Inzest formuliert:

a. Es ist ein Sammelbegriff für Beziehungen, die nach Art, Intention und Machtkonstellation stark voneinander abweichen können. Unter Inzest kann nämlich auch eine freiwillige Beziehung zwischen zwei miteinander verwandten Erwachsenen verstanden werden.

b. Der Begriff Inzest suggeriert, daß es um eine gleichwertige Beziehung geht. In der Praxis handelt es sich jedoch um überwiegend ungleichwertige Erwachsenen-Kind-Beziehungen.

c. Mit dem Begriff Inzest wird zudem stark das »Sexuelle« und weniger das Macht- und Abhängigkeitsverhältnis innerhalb der Familie betont. Die Verwendung des Begriffs Inzest ist also vage und sehr verwirrend. Seitens offizieller Instanzen wird der Begriff Inzest deswegen auch nicht oder kaum mehr angewandt.

Sexuelle Gewalt

Ein anderer Begriff, dem wir vielfach begegnen, ist sexuelle Gewalt. Von sexueller Gewalt ist die Rede, wenn das Kind gegen seinen Willen zu sexuellen Handlungen mit dem Erwachsenen veranlaßt wird und dabei Zwang, Gewalt, Bedrohung oder ein körperliches und/oder beziehungsmäßiges Übergewicht eingesetzt wird. Was hier in dieser Definition klar hervortritt, ist, daß die Betonung mehr auf dem Mißbrauchen von Macht liegt als auf dem sexuellen Aspekt. Das Problem dieser Definition ist, daß Gewalt und Bedrohung nicht immer offen angewandt werden. Wünsche des Erwachsenen werden häufig eingekleidet und verhüllt, wodurch das Kind verleitet wird zu etwas, dessen Reichweite es für die eigene persönliche Entwicklung nicht übersehen kann. Handlungen des Erwachsenen verfolgen oft ein Ziel, nämlich die Benutzung des Kindes zur eigenen sexuellen Befriedigung.

2 Sandfort (1988) hat Untersuchungen angestellt über sexuelle Kontakte von Kindern und deren Bedeutung für ihr
späteres Leben. Er hat dabei nicht nur Kontakte mit Erwachsenen, sondern auch sexuelle Kontakte mit Altersgenossen betrachtet. Die Unterstellung, daß alle sexuellen
Kontakte zwischen Kindern und Erwachsenen nachteilige
Folgen haben und als Mißbrauch betrachtet werden müssen,
hat er auf ihre Richtigkeit hin überprüft. Dabei hat er vor allem darauf geachtet, ob die Kontakte freiwillig oder unfrei-
willig zustande gekommen waren. Aus seiner Untersuchung
geht hervor; daß nicht alle sexuellen Kontakte zwischen Erwachsenen und Kindern eindeutig schädlich sind.

3 Draijer gibt das Alter von 16 Jahren als »Obergrenze« für
sexuellen Mißbrauch an. Diese Abgrenzung nach Alter mu-
tet womöglich etwas künstlich an, beispielsweise wenn der
Mißbrauch vor dem 16. Lebensjahr angefangen hat und über
das 16. Lebensjahr hinaus andauert. Natürlich ist und bleibt
das sexueller Mißbrauch. Dennoch ist es wichtig, vor dem
Gesetz und als Vergleichsgrundlage mit anderen Forschungen eine Altersgrenze einzuführen.

4 Es geht dabei um Forschungen, aus denen sich indirekt
Daten über sexuellen Mißbrauch von Jungen und Männern
ableiten lassen, beispielsweise Untersuchungen unter Colle-
gestudenten bezüglich ihrer Erfahrungen mit Sexualität, unter Patienten aus psychiatrischen Einrichtungen und Klienten von Kinderschutzinstitutionen.

5 Damen (1989) schätzt, daß 50 Prozent der männlichen Täter jünger als 25 Jahre sind und 70 Prozent jünger als 30 Jahre. Diese Schätzung gründet er auf die Publikationen von
Draijer (1988b), Römkens (l989) und Bruijn (1986). Auch
Becker u. a. (1986) konstatieren, daß 57 Prozent der Täter
mit ihrem Verhalten vor dem 19. Lebensjahr angefangen haben. Aus der Studie von Finkelhor (1979) unter Collegestu-
denten geht hervor, daß bei einem Drittel der Frauen, die
berichteten, früher mißbraucht worden zu sein, es sich bei
den Tätern um Jungen zwischen 10 und 19 Jahren handelte.
Übrigens läßt sich in den Niederlanden ein wachsendes Interesse an jugendlichen Verübern sexuellen Mißbrauchs
feststellen.

6 George Awad (1976), Katherine Dixon u. a. (1978) und Ju-
dith Halpern (1987) beschreiben einige Fälle von Vater-

Sohn-Inzest. In dem neueren Werk von Bolton u. a. (1989) wird auch kaum auf diese Frage eingegangen.

7 Pädophile Gefühle kommen auch bei Frauen vor. Darüber ist jedoch noch wenig bekannt.

8 Das kann einen Einfluß auf die Daten bezüglich Umfang und Art des sexuellen Mißbrauchs an Jungen haben. Das Maß, in dem dies Einfluß hat, läßt sich allerdings nur schwer beurteilen.

9 Program for healthy Adolescent Sexual Expression (PHASE) in Minnesota (Mathews 1987).

10 Diese Zahlen sind jedoch relativ irreführend, weil: 1. die Frauen, die Bescheid wußten über den sexuellen Mißbrauch an ihren Kindern und dies zuließen, als Täter aufgefaßt werden; 2. die Tatsache unberücksichtigt blieb, daß das Kind Opfer mehrerer Täter gewesen sein kann. So ist nicht klar angegeben, welcher Elternteil den sexuellen Mißbrauch initiierte.

11 Einiges an Informationen über sexuellen Mißbrauch an Jungen durch die Mutter geht aus der Untersuchung von L. McCarty (1986) hervor. Beim Child Protective Service in Texas hat sie 29 Mütter untersucht, die sexuellen Mißbrauch mit ihrem Kind betrieben hatten. In 60 Prozent handelte es sich um sexuellen Mißbrauch der Tochter und in 40 Prozent der Fälle um sexuellen Mißbrauch des Sohnes. Das durchschnittliche Alter der weiblichen Opfer war sechs Jahre und das der männlichen Opfer zehn Jahre. Neun Frauen verübten den sexuellen Mißbrauch gemeinsam mit einem Mann, und zwölf Frauen mißbrauchten das Kind unabhängig von dem Mann. McCarty hat auch versucht, mehr Einblick in die Hintergründe des sexuellen Mißbrauchs durch die Mutter zu erlangen. In 72 Prozent der Fälle war die Mutter selbst sexuell mißbraucht worden; meistens war der Bruder der Täter gewesen. Weiter hatten fast alle Frauen eine sehr schwierige Jugend gehabt (92 Prozent).Hierbei muß an Mißhandlung durch die Eltern, an Alkoholismus in der elterlichen Familie und an eigene frühzeitige Schwangerschaft gedacht werden.

12 Die Beschreibung stammt aus dem *Diagnostic and Statistical Manual of Mental Disorders* (DSM-III-R) der American Association (l987).

13 Diese Einteilung ist M. Lew (1989) entnommen.

Literatur

ABEL, G. G., M. S. MITTELMAN & J. V. BECKER (1985), ›Sexual offenders: Results of assessment and recommendation for treatment.‹ In: M. H. Ben-Aron, S. J. Huckle & C. D. Webster (eds.), *Clinical Criminology: The Assessment and Treatment of Criminal Behavior.* Toronto: M & M Graphic, p. 191–205.

ADAMS-TUCKER, C. (1982), ›Proximate effects of sexual abuse in children.‹ In: *American Journal of Psychiatry,* 139, p. 1252–1256.

AWAD, G. A. (1976), ›Father-son incest: A case report.‹ In: *Journal of Nervous and Mental Disease,* 162, p. 135–139.

BECKER, J. V., M. S. KAPLAN, J. CUNNINGHAM-RATHER & R. KAVOUSSI (1986), ›Characteristics of adolescent incest sexual perpetrators: Preliminary findings‹. In: *Journal of Family Violence,* I.

BOLAND, G. (1988), *Moet ik er dan direct naar vragen? Hulpverleners over seksueel geweld.* Utrecht: Stichting Tegen Seksueel Geweld.

BOLTON, F. G., L. A. MORRIS & A. E. MACEACHRON (1989), *Males at Risk: The Other Side of Sexual Abuse.* Newbury Park CA: Sage Publications.

BRUIJN, J. G. M. (1986), *Ongewenste intimiteiten op het werk.* Den Haag: Ministerie van Sociale Zaken en Werkgelegenheid.

BURGESS, A.W., et al. (1987), *Sexual Assault of Children and Adolescents.* Toronto: Lexington Books.

DAMEN, E. (1989), ›Seksueel geweld en behandeling; een sociologischemancipatorische visie.‹ In: *Justitiële Verkenningen,* jrg. 15, nr. 9.

DAMEN, E., & N. OOSTEN (1988), *Mannelijkheid en seksueel geweld. De dader belicht.* Deventer: Van Loghum Slaterus.

DE JONG, A. R., G. A. EMMETT & A. A. HERVADA (1982), ›Epiderniologic factors in sexual abuse of boys.‹ In: *American Journal of Diseases of Children,* 136 (11), p. 990–993.

DIXON, K. N., L. E. ARNOLD & K. CALESTRO (1978), ›Father-son incest: Underreported psychiatric problem?‹ In: *American Journal of Psychiatry,* 135, p. 835–838.

DRAIJER, N. (1985), *De omgekeerde wereld. Seksueel misbruik van kinderen in het gezin.* Den Haag: Ministerie van Sociale Zaken en Werkgelegenheid.

DRAIJER, N. (1988a), *Een lege plek in mijn geheugen. Seksueel misbruik van meisjes door verwanten.* Den Haag: Ministerie van Sociale Zaken en Werkgelegenheid.

DRAIJER, N. (1988b), *Seksueel misbruik van meisjes door verwanten.* Den Haag: Ministerie van Sociale zaken en Werkgelegenheid.

DRION, N. (1989), ›Jongens als slachtoffer van seksueel misbruik.‹ In: *Maandblad Geestelijke Volksgezondheid*, vol. 44, nr. 2.

FINKELHOR, D. (1979), *Sexually Victimized Children.* New York: The Free Press.

FINKELHOR, D. (1984), *Child Sexual Abuse: New Theory and Research.* New York: The Free Press.

FINKELHOR, D. (1986), *A Sourcebook on Child Sexual Abuse.* Beverly Hills CA: Sage Publications.

FINKELHOR, D., & L. BARON (1986), ›High-Risk Children‹. In: D. Finkelhor (1986).

FINKELHOR, D., & A. BROWNE (1986), ›Initial and long-term effects: A conceptual framework.‹ In: D. Finkelhor (1986).

FINKELHOR, D., & G. HOTALING (1984), ›Sexual abuse in the national incidence study of child abuse and neglect.‹ In: *Child Abuse and Neglect*, 8.

FINKELHOR, D., & D. RUSSELL (1984), ›Woman as perpetrators‹. In: D. Finkelhor (1984).

FREEMAN-LONGO, R. E. (1986), ›The impact of sexual victimization on males.‹ In: *Child Abuse and Neglect*, 10, p. 411–414.

FRENKEN, J., & B. STOLK (1987), *Hulpverleners en incestslachtoffers. Onderzoek naar belemmeringen in de hulpverlening.* Deventer: Van Loghum Slaterus.

FRIEDRICH, W. N. & W. J. LUECKE (1988), ›Young school-age sexually aggressive children: Assessment and comparison.‹ In: *Professional Psychology*, 19, nr. 2, p. 153–164.

GEISER, R. L. (1979), *Hidden Victims: The Sexual Abuse of Children.* Boston: Beacon Press.

GIANOTTEN, W. L. (1988), ›Jongens als slachtoffer van seksueel misbruik.‹ In: *Maandblad Geestelijke Volksgezondheid*, 11, p. 1179–1196.

GIL, D. G. (1970), *Violence Against Children. Physical Child Abuse.* Cambridge Mass.

GROTH, A. N. (1979), *Men Who Rape: The Psychology of the Offender.* New York: Plenum.

HALPERN, J. (1987), ›Family Therapy in Father-Son Incest: A ca-

191

se study.‹ In: *The Journal of Contemporary Social Work*, Feb.

HERK, B. VAN (1985), *Waarom mannen verkrachten. Maatschappelijke achtergronden van seksueel geweld tegen vrouwen.* Amsterdam/Meppel: Boom.

HUNTER, M. (1989), *Abused Boys: The Neglected Victims of Sexual Abuse.* Toronto MA: Lexington.

JOHNSON, R. L. & D. K. SHRIER (1985), ›Sexual victimization of boys: Experience at an adolescent medicine clinic.‹ In: *Journal of Adolescent Health Care*, 6, p. 372–376.

JOHNSON, R. L. & D. K. SHRIER (1987), ›Past sexual victimization by females of male patients in an adolescent medicine clinic population.‹ ›In: *American Journal of Psychiatry*, 144, p. 65–652.

KNOPP, F. H. & L. B. LACKEY (1987), *Female Sexual Abusers: A Summary of Data from 44 Treatment Providers.* Orwell VT: Safer Society Press.

KOMTER, A. (1978), ›Geestelijke gezondheid: verschillende maatstaven voor vrouwen en mannen?‹ In: *Psychologie en Maatschappij*, jrg. 2, nr. 3.

LEW M. (1989), *Victims no longer: Men recovering from incest and other sexual child abuse.* New York: Nevraumont.

MARVASTI, J. (1986), ›Incestuous mothers.‹ In: *American Journal of Forensic Psychiatry*, 7 (4), p. 63–69.

MATHEWS, R. (1987), *Preliminary Typology of Female Sex Offenders. MN: PHASE and Genesis II for woman* (erhältlich bei The Safer Society Program, Shoreham Depot Road, Orwell VT).

MATHEWS., R. (1989), *Female Sexual Offenders. An Exploratory Study.* Vermont: Safer Society Press.

McCARTY, L. M. (1986), ›Mother-child incest. Characteristics of the offender.‹ In: *Child Welfare*, nr. 5, Sept.–Oct.

NASJLETI, M. (1980), ›Suffering in silence: the male incest victim.‹ In: *Child Welfare*, 59, p. 269–275.

PETROVICH, M. & D. TEMPLER (1984), ›Heterosexual molestation of children who later became rapist.‹ In: *Psychological Reports*, 54, p. 810.

PIERCE, R. & L. H. PIERCE (1985), ›The sexual abused child: A comparison of male and female victims.‹ In: *Child Abuse and Neglect*, vol . 9, p. 191–199.

PORTER, E. (1986), *Treating the Young Male Victim of Sexual Assault; Issues & Intervention Strategies.* Syracuse: Safer Society Press.

REINHARDT, M. A. (1987), ›Sexually Abused Boys.‹ In: *Child Abuse and Neglect*, vol. 11, p. 229–235.

RIJNAARTS, J. (1988), Lots Töchter. Über den Vater-Tochter-Inzest. Hildesheim: Claassen.

ROGERS, C. M. & T. TERRY (1984), ›Clinical intervention with boy victims of sexual abuse.‹ In: I. R. Stuart & J. G. Greer (eds.), *Victims of Sex Aggression: Treatment of Children, Women and Men*. New York:Van Nostrand Reinhold, p. 91–104.

RÖMKENS, R. (1989), *Onder ons gezegd en gezwegen*. Amsterdam: SUA.

RUSSELL, D. E. H. (1984), *Sexual Exploitation: Rape, Child Sexual Abuse, and Workplace Harassment*. Beverly Hills CA: Sage Publications.

RUSSELL, D. E. H. & D. FINKELHOR (1984), ›The gender gap among perpetrators of sexual abuse‹. In: D. E. H. Russell (1984), p. 215–231.

SANDFORT, TH. G. M. (1986), *Jongens over vriendschap en seks met mannen*. Amsterdam: SUA.

SANDFORT, TH. G. M. (1988), *Het belang van de ervaring*. Utrecht: Publikatiereeks Homostudies.

SEBOLD, J. (1987), ›Indicators of child sexual abuse in males. Social casework.‹ In: *The Journal of Contemporary Social Work*, p. 75–80.

SOMAN (1988), *Teksten mannenhulpverlening*. Konferenzbericht, 30. Oktober 1987, Utrecht.

SUMMIT, R. C. (1983), ›The child sexual abuse accommodation syndrome.‹ In: *Child Abuse and Neglect*, 7, p. 177–193.

SWIFT, C. (1977), ›Sexual victimization of children: An urban mental health center survey.‹ In: *Victimology*, 2, p. 322–327.

VENNIX, P. (1984), ›Incestueus of niet, wat maakt het uit.‹ In: J. Frenken & C. van Lichtenburcht (1984), Incest: *Feiten, achtergronden en hulpverlening*. Zeist, Nisso.

VERTROUWENSARTSEN, BURO (1989), *Jaarverslag 1985 t/m 1988*.

WOLTERS, W. H. G. (1982), *Seksueel misbruik van kinderen en jonge adolescenten*. Nijkerk: Intro.

WOODS, S. C. & K. S. DEAN (1984), *Final report: Sexual abuse of males research project* (NCCAN Report No. 90-CA-812). Washington DC,: National Center on Child Abuse and Neglect.

ZILBERGELD, B. (20/1991), Männliche Sexualität. *Was (nicht) alle schon immer über Männer wußten...* Tübingen: Deutsche Gesellschaft für Verhaltenstherapie.

Quellennachweis

Aus folgendem Werk wurde mit freundlicher Genehmigung des Verlags Antje Kunstmann zitiert:

GLÖER, N./SCHMIEDESKAMP-BÖHLER, I.: Verlorene Kindheit. Jungen als Opfer sexueller Gewalt. München 1990.

Das Buch zur Inzest-Therapie.

Die Autorin setzt sich mit den verschiedenen Möglichkeiten der Therapie mit Inzestopfern auseinander und stellt dabei auch die brisante Frage, warum Inzestopfer so häufig von ihren Therapeuten erneut mißbraucht werden. In der Therapie geht es um die Suche nach der »gemordeten« Seele, nach dem wahren Selbst. Ursula Wirtz zeigt, wie sexuell mißbrauchte Frauen aus ihrer seelischen »Totenstarre« herausfinden und ihren Gefühlen und ihrem Körper wieder näherkommen können.

»Sorgfalt und nötige Übersicht, gepaart mit einer undogmatischen Distanz und Professionalität, gestützt auf ihre breite Erfahrung in der konkreten Arbeit mit Inzestüberlebenden, prägen Ursula Wirtz' Vorgehen.«

Deutsche Krankenpflege-Zeitschrift

Ursula Wirtz
Seelenmord
Inzest und Therapie
290 Seiten, Paperback

So bewahren Sie Ihr Kind wirksam und umfassend vor Gefahren:

Eltern sein bedeutet heute auch Angst haben, Angst vor den Gefahren, denen die Kinder ausgesetzt sind. Sie können nicht ständig beaufsichtigt und begleitet werden. Aber wie kann man sie schützen, wie kann man sie dazu anhalten, sich in Gefahren richtig zu verhalten?

Sexueller Mißbrauch, Drogen, Gewalt, Pornografie, AIDS, Spielhöllen sind Probleme, denen unsere Kinder bereits in jüngsten Jahren ausgesetzt sind. Das Buch von Michele Elliott hat in England bereits Hunderttausenden von Eltern, Erziehern und Menschen in helfenden Berufen gezeigt, wie sie Kindern und Jugendlichen beibringen können, schwierige Situationen selbst zu erkennen und zu meistern.

Mit vielen praktischen Tips für aufklärende Gespräche und Hinweisen auf mögliche Warnzeichen. In zahlreichen Übungen lernen Kinder, wie sie sich selbst schützen können.

»Fürwahr, ein hilfreiches, notwendiges Buch zur rechten Zeit!«
Stuttgarter Wochenblatt

Michele Elliott
So schütze ich mein Kind
vor sexuellem Mißbrauch,
Gewalt und Drogen
200 Seiten, Paperback

KREUZ: Was Menschen bewegt.

Sexueller Mißbrauch in der Therapie: Ein Handbuch für Frauen, Therapeuten, Institutionen und Öffentlichkeit.

Wie schütze ich mich vor sexuellem Mißbrauch in der Therapie? Was tue ich, wenn es passiert oder passiert ist? Was müssen TherapeutInnen beachten, die mit betroffenen Frauen eine Folge-Therapie machen? Über rechtliche Grundlagen, Ursachen, Fakten, Folgen und Möglichkeiten der Verarbeitung informiert dieses kompetente Handbuch.

»Daß es zwischen Therapeut und Patient gelegentlich zu sexuellen Kontakten kommt, ist kein Wunder. Beide sind sich in der Therapie so nahe wie sonst nur selten zwei Menschen. Der Austausch von Zärtlichkeiten kann durchaus Bestandteil der Therapie sein. Wo aber fängt der Mißbrauch an? Wie können sich Patient und Therapeut vor solchen »Umfinalisierungen« des therapeutischen Prozesses schützen? Das Buch von Claudia Heyne ist aus der Diskussion dieses heiklen Themas nicht mehr wegzudenken!«
(ARGUS, Red. Psychologie Verstehen, 9/92)

Claudia Heyne
Tatort Couch
Sexueller Mißbrauch in der Therapie -
Ursachen, Fakten, Folgen und
Möglichkeiten der Verarbeitung
260 Seiten, Paperback

KREUZ: Was Menschen bewegt.

Sachbuch

Neue Perspektiven

**Kaum bekannt
und wahrgenommen**

**1. Auflage 1993
180 Seiten
ISBN 3-927796-24-7**

Ron van Outsem

Ron van Outsem stellt eine differenzierte Auseinandersetzung zum sexuellen Mißbrauch an Jungen vor, vergleicht und bewertet verfügbare Forschungsergebnisse. Die entwickelten Struktur- und Denkmodelle leisten einen wesentlichen Beitrag zur Theoriebildung. Sorgfältig prüft er deren Praxisrelevanz und zeigt Perspektiven auf. Durch Fallbeispiele veranschaulicht der Autor die diskutierten Daten und Erkenntnisse.

**Donna Vita Verlag
Marion Mebes
Postfach 5 — Post Husby
24973 Ruhnmark
Tel. 04634/17 11
Fax 04634/17 02**